MOT A MOT

New Advanced Vocabulary

PAUL HUMBERSTONE

Hodder Murray

A MEMBER OF THE HODDER HEADLINE GROUP

Although every effort has been made to ensure that website addresses are correct at time of going to press, Hodder Murray cannot be held responsible for the content of any website mentioned in this book. It is sometimes possible to find a relocated web page by typing in the address of the home page for a website in the URL window of your browser.

Hodder Headline's policy is to use papers that are natural, renewable and recyclable products and made from wood grown in sustainable forests. The logging and manufacturing processes are expected to conform to the environmental regulations of the country of origin.

Orders: please contact Bookpoint Ltd, 130 Milton Park, Abingdon, Oxon OX14 4SB. Telephone: (44) 01235 827720. Fax: (44) 01235 400454. Lines are open 9.00–5.00, Monday to Saturday, with a 24-hour message answering service. Visit our website at www.hoddereducation.co.uk

© Paul Humberstone
First published in 1991
Second edition 1996
Third edition 2000
This fourth edition published 2006 by
Hodder Murray, an imprint of Hodder Education,
a member of the Hodder Headline Group
338 Euston Road
London NW1 3BH

Impression number 10 9 8 7 6 5 4 3
Year   2010 2009 2008 2007 2006

Cover photo © Robert Holmes/CORBIS
Typeset by Transet Limited, Coventry, England.
Printed in Great Britain for Hodder Murray, an imprint of Hodder Education, a division of Hodder Headline, 338 Euston Road, London NW1 3BH, by Cox & Wyman Ltd, Reading, Berkshire.

A catalogue record for this title is available from the British Library

ISBN-10: 0340 915 20X
ISBN-13: 978 0340 915 202

Introduction

This new edition of *Mot à Mot* brings significant changes to the way the material was originally presented, as well as revising the content. Neither the French language nor the way it is studied and examined have stood still since 1991 when the first edition appeared. This book seeks to reflect these changes by providing:

- revised topic areas including those studied for AS and A2;

- much new material, taken largely from recent publications about current affairs;

- an expanded opening section suggesting more ways of avoiding overworked words and phrases;

- a short list of basic vocabulary at the beginning of all AS Level topics;

- a distinction between words and phrases you will need for discussion of AS Level topics and those which are appropriate at a more advanced level, the latter printed in **bold type**;

- division of each topic area into smaller subsections;

- a new list of common 'false friends' and their unexpected meanings, followed by the English words they do not match and the correct translations.

The method of this book is to list words and phrases in an order which follows the logic (at least in the author's mind) of a lesson about, or a discussion of, various aspects of each topic. Where no such logical sequence is helpful, items are listed alphabetically.

No vocabulary book can be exhaustive. If you read articles and use the Internet, you will find new material which will give you good practice in reading comprehension, and you can add to the stock of vocabulary in this book anything you come across which will help you to express yourself better. Further material on any topic you are studying is easily found on any of the following websites:

http://www.google.fr/
http://fr.yahoo.com/
http://lycos.fr
http://www.premier-ministre.gouv.fr/fr/

You are not being invited to learn all these words and phrases 'in case they come up in the exam', but to become familiar with the material you need at your level of study, principally by using it yourself. That said, some learning has to be done! For most people, repetition is essential for memorisation. I suggest:

- 15 or 20 minutes at a time on a group of about two dozen words and phrases;

- next time, start a new group but revise the last one, and make a note of the words you have forgotten;

- use the material as soon as possible, as the context you create will help you to remember it.

Paul Humberstone

Contents

1 Comment dirais-je?

Quelques suggestions pour enrichir la conversation et la rédaction

1.1 Premièrement   Firstly

il s'agit de	this is about/to do with
quant à	as for
à première vue	at first sight
les avantages et les inconvénients	the pros and cons

dès l'abord/le départ	from the outset
réfléchissons d'abord à...	let us first consider...
il s'agit d'abord de se demander	we must first ask ourselves
la première question qui se pose est de savoir...	the first question is...
faire le point de l'affaire	to summarise the issue
de quoi s'agit-il en fait?	what in fact is the issue?
qu'est-ce qui est en cause?	what is at issue?
ce qui est en cause, c'est...	what is at issue is...
donner quelques précisions	to clarify a few details
on peut constater (que)...	we can see (that)...
face à cette situation	given this state of affairs
préalablement	beforehand
au premier abord/de prime abord	at first sight
partons du principe que...	let us take as a basic principle that...
débrouiller les faits	to sort out the facts
déblayer le terrain	to clear the ground
chercher un point de repère	to seek a point of reference
remonter de l'effet à la cause	to work back from effect to cause
désigner les sources du mal	to pinpoint the origins of the ill
une mise au point de la situation	clarification of the position
tirer l'affaire au clair	to shed light on the matter
démêler l'affaire	to sort out what is going on
cerner le problème essentiel	to define the main problem
saisir le fond des enjeux	to grasp what is basically at stake
la controverse porte sur...	the argument involves...

1.2 Il y a un grand problème   There is a big problem

la crise	crisis
la difficulté	difficulty
avoir du mal à (+ infin.)	to have difficulty in (doing, etc.)
une situation inquiétante	worrying state of affairs
le fond du problème	the basis of the problem

le problème foncier	the basic problem
être en crise	to be in a state of crisis
avoir de la peine à ⎫	
éprouver des difficultés à ⎭	to have difficulty in
la portée	impact, consequences
à l'échelle nationale	on a national scale
européenne	European scale
mondiale	world-wide scale
cela soulève un certain nombre de questions	this raises a number of questions
s'alarmer de	to become alarmed by
la principale difficulté porte sur...	the main difficulty involves...
toute la difficulté est de (+ infin)	the main difficulty is to...
réside en (+ noun)	is in...
un obstacle insurmontable	an insurmountable obstacle
une tâche quasiment impossible	a virtually impossible task
le souci prédominant	main worry
un véritable casse-tête	a real headache
le terrain est miné	it is a minefield
difficilement maîtrisable	hard to bring under control
un accident conjoncturel	conspiracy of circumstances
la pierre d'achoppement	stumbling block
l'entrave (f)	hindrance
le voyant rouge	red light
tirer la sonnette d'alarme	to sound the alarm
quelque chose ne tourne pas rond	something is wrong
le bilan est généralement négatif	on balance things are not good
d'autres critiques portent sur...	other criticisms touch on...
les choses prennent une mauvaise tournure	things are going wrong
souligner la gravité de la situation	to underline the seriousness of the situation
provoquer des remous	to cause shockwaves
l'opinion publique est ébranlée par...	public opinion is shaken by...
un avant-goût de ce qui pourrait survenir	a foretaste of what might occur

1.3 Le problème devient plus grand

The problem is getting bigger

plus inquiétant encore...	what is even more worrying is that....
la situation se complique	the situation is getting more complicated
une autre difficulté est venue s'ajouter	a further difficulty has cropped up

le problème se banalise	the problem is getting more common
une nouvelle donne	a new state of play
plus grave encore qu'on ne le pense	even more serious than people think
d'autres facteurs contribuent à aggraver la crise	other factors are helping to worsen the crisis
la situation empire de jour en jour	the situation is getting worse every day
tourne à la catastrophe	is becoming disastrous
se répète un peu partout	is occurring all over the place
pourrait perdurer	could last
menace de s'éterniser	is threatening to go on for ever
pour comble de malheur	to cap it all
atteindre le niveau critique	to reach a critical level
il semble à l'examen que les choses ne soient pas aussi simples	it seems on closer examination that things are not so simple
le phénomène s'accroît	the phenomenon is on the increase
la tendance s'accentue	the tendency is becoming more noticeable
se prolonge	is continuing
est irréversible	is irreversible
l'écart se creuse	the gap is widening
un empilage de catastrophes	a succession of disasters
le problème a pris une telle ampleur que...	the problem has taken on such proportions that....
la situation arrive au seuil de la catastrophe	the situation is verging on disaster
mettre le feu aux poudres	to bring things to a head

1.4 Comment résoudre le problème?

How can the problem be solved?

la meilleure solution	the best solution
la solution est loin d'être évidente	the solution is far from obvious
le compromis	compromise

des obstacles subsistent encore	some stumbling blocks remain
tout ou presque reste à faire	almost everything has still to be done
la question est de savoir comment s'y prendre pour...	it is a matter of knowing how to go about...
avoir recours à	to have recourse to
surmonter les obstacles	to overcome the obstacles
la solution qui s'impose	the obvious solution
il faut trancher	a decision must be taken
venir à bout de la crise	to get through the crisis
il existe de nombreux moyens de...	there are many ways of...
des mesures d'urgence s'imposent	urgent measures are needed
l'essentiel du travail consiste à...	the main job is to...
aboutir à un compromis	to reach a compromise
en dernier ressort/recours	as a last resort
comment remédier à ce phénomène?	what is the cure for this phenomenon?
comment éviter que... *(+ subj)*	how can one avoid *(+ verb)*
examiner au cas par cas le problème	to examine each incidence of the problem
saisir la question à bras-le-corps	to get to grips with the issue
élaborer une stratégie	to draw up a plan of action
mieux vaut... que de...	it is better to... than to...
la guérison de tous les maux	the cure for all ills
l'arme *(f)* d'ultime recours	the ultimate weapon (i.e. last resort)
empêcher qu'une telle situation ne se reproduise	to prevent such a situation from happening again
il faut mettre les bouchées doubles	extra efforts are required
construire de nouveaux repères	to establish new points of reference
défricher des voies nouvelles	to clear the way for new lines of approach
opter pour une solution médiane	to go for a compromise solution

1.5 Important   Important

jouer un rôle essentiel/capital	to play a major part
quelque chose de notable	something noteworthy
un événement marquant	an important event
il importe de savoir	one needs to know
il est à noter que...	it must be noted that...
il faut insister sur le fait que...	we must emphasise that...
l'importance de...	the importance of...

à l'ordre du jour	on the agenda
prendre au sérieux	to take seriously
ne pas prendre à la légère	not to take lightly
poser un problème crucial	to pose a central problem
souligner l'importance de...	to emphasise the importance of...
il faut tenir compte du fait que...	we must take into account that...
il ne faut pas banaliser le danger	we must not play down the danger
le point crucial du débat	the crucial point of the discussion
le plus frappant ici est...	the most striking thing here is...
le débat tourne autour de...	the discussion centres around...
plusieurs points forts se dégagent	several important points emerge
une étape essentielle	a vital stage
un facteur d'un poids décisif	a factor of decisive significance
peser lourd	to weigh heavily
des conséquences d'une grande portée	far-reaching consequences
au nœud du débat au cœur du débat }	at the centre of the debate
jouer un rôle primordial prépondérant }	to play a major part
il est utile de s'attarder sur...	it is worth dwelling on...
il ne faut pas passer sous silence tirer le rideau sur... }	we must not draw a veil over...
une nécessité de premier plan	a priority need
un enjeu capital	a prime issue
une crise qui couve	a brewing crisis
l'enjeu est de taille	the stakes are high
le point de mire	the focal point
le préalable éclairant	the guiding principle
la pierre angulaire du système	the cornerstone of the system

1.6 Pourquoi?   Why?

quelle est la raison pour laquelle...	what is the reason for...
comment expliquer...	what is the explanation for...
la question est de savoir pourquoi...	the question is why...

il convient de se demander	it is appropriate to ask oneself
formuler la question	to formulate the question
reste à comprendre pourquoi	it remains to work out why
tenter de déterminer les causes	to try to identify the causes
expliquer le pourquoi de...	to explain the reason(s) for...
il y a lieu de se demander	**there is good reason to wonder**
on est en droit de se demander	**we have the right to wonder**
le pourquoi et le comment	**the whys and wherefores**

1.7 Parce que/à cause de   Because/because of

étant donné que...	given that...
vu que...	considering that...
en raison de...	in view of...
face à/devant...	in the face of...
voilà pourquoi	that is why

en analysant de plus près	on closer analysis
expliquer dans les moindres détails	to explain in minute detail
cela peut s'expliquer par plusieurs facteurs	several contributing factors explain this
pour de multiples raisons	for all sorts of reasons
d'autres facteurs entrent en ligne de compte	other factors have to be taken into consideration
théoriquement	in theory
dans la pratique } en pratique	in practice
mettre qqch. sur le compte de...	to attribute something to...
compte tenu du fait que...	taking account of the fact that...
dans le scénario où...	in a situation whereby...
à en juger par...	judging by...
il est possible que ... est pour beaucoup dans cette évolution	**it may be that ... plays a large part in this development**
tenant pour acquis que...	**taking it for granted that...**
il s'avère que...	**it turns out that...**
un simple rapport de cause à effet	**a simple link between cause and effect**

1.8 Les gens pensent que... People think that...

l'opinion publique	public opinion
le sondage } l'enquête *(f)* }	opinion poll
on a tendance à croire	people tend to believe

sonder/déceler les opinions	to find out what people think
certains soutiennent que...	some people maintain that...
d'autres diront que...	others will say that...
selon certaines rumeurs	according to some rumours
il est acquis que...	it is accepted that...
selon les chiffres officiels	according to official figures
les experts se montrent formels	the experts are categorical
prendre un échantillon de la population	to take a sample of the population
c'est dans l'air du temps	it's the 'in' thing
avoir la cote	to be popular
une nette tendance	a clear tendency
la grande majorité des ... trouvent que...	the vast majority of ... think that...
les avis sont partagés sur ce point	opinions are divided on this matter
on a souvent présenté ... comme...	... has often been described as...
d'aucuns/d'autres estiment que...	some/others consider that...
une étude très fouillée	a very well-researched study
un consensus semble se dégager	a consensus seems to be emerging
une part non négligeable du public	a considerable proportion of the public
nombreux sont ceux qui disent...	there are many who say...

partout on aboutit au même
    constat
	everywhere people are coming
	    to the same conclusion

tout le monde s'accorde à
    reconnaître que...
	everyone is agreed in recognising
	    that...

l'idée traîne un peu partout	the view is quite widely held
c'est là une vision fort répandue	that is a very widely held view

de nombreux observateurs ont
    émis la crainte que...
	numerous observers have
	    expressed the fear that...

il est d'ores et déjà acquis que...	people now presuppose that...
il est de notoriété publique que...	it is (unwelcome) public knowledge that...
chacun y va de son refrain	everyone repeats his/her view
d'après leurs propres dires	according to what they themselves say
d'aucuns préconisent...	some people recommend...
le parti pris	presupposition
réclamer à cor et à cri	to demand loudly, shout for
crier haut et fort	to proclaim loudly
le débat fait rage	the debate is raging

1.9 A mon avis... In my opinion...

il me semble que...	it seems to me that...
à mon sens	as I see it
pour ma part	for my part
je suis sûr(e)/certain(e) persuadé(e) que...	I am certain that...

j'estime que...	I consider that...
je soutiens que...	I maintain that...
je suis frappé(e) par (+ *noun*)	I am struck by...
il faut bien reconnaître que...	it must be acknowledged that...
cela me paraît évident que...	it seems obvious to me that...
cela me conduit à penser que...	that leads me to think that...
ce qui me préoccupe, c'est...	what bothers me is...
voici ma prise de position:	here is the line I take:
qu'on ne s'y trompe pas	let there be no mistake about it
il y a fort à parier que...	it is a very good bet that...
il y a de fortes chances que...	there is a strong chance that...
trancher entre deux hypothèses	to decide between two possibilities
voir quel parti prendre	to see which side to take
à tort ou à raison	rightly or wrongly
proposer une piste de réflexion	to suggest a line of thought
sans parti pris	without prejudice
mieux vaut s'en tenir à...	it is better to stick to...

1.10 Je suis d'accord   I agree

bien entendu/sûr	of course
sans doute	probably
sans aucun doute	undoutedly
sans réserve	unreservedly
je suis d'accord avec ceux qui...	I agree with those who...

sensé(e)	sensible
cela paraît logique	that seems logical
c'est un argument de poids	it is a forceful argument
un jugement sain	sound judgement
valide	valid judgement
une idée nette/claire	clear idea
juste	sound idea
persuasive	persuasive idea
convaincante	convincing idea
puissante	powerful idea
clairvoyante	perceptive idea
perspicace	idea which shows insight
sagace	shrewd idea
pertinente	relevant idea
un raisonnement imparable	an unanswerable argument
j'abonde dans le sens de...	I agree wholeheartedly with...
je suis un ardent défenseur de...	I am a vigorous defender of...
il faut se rendre à l'évidence	one must submit to the obvious
il est légitime de penser que...	it is legitimate to think that...
on considère à juste titre que...	people rightly think that...
les événements évoluent dans la bonne direction	events are moving in the right direction
je donne du poids à cette hypothèse	I lend weight to this supposition
l'argument ne manque pas de poids	the argument is not without force
je déclare sans ambages	I state without reserve
j'accepte sans broncher	I accept/agree unflinchingly
sans équivoque	unequivocally

1.11 Je ne suis pas d'accord   I disagree

c'est faux	it's wrong
je réagis contre	I react against
une réaction négative	negative reaction
c'est tout le contraire	exactly the opposite is true

rien n'est moins sûr	nothing is less certain
un point controversé	controversial point
il n'est pas certain que *(+ subj)*	it is not definite that...
il est peu probable que *(+ subj)*	it is unlikely that...
personne n'imagine en effet que *(+ subj)*	nobody really imagines that...
il n'est pas normal que *(+ subj)*	it is not normal (i.e. acceptable) for/that...
à quoi cela sert-il de... *(+ infin)*?	what is the point of...?
l'erreur serait de croire que...	the mistake would be to think that...
il faut s'interroger sur le sens de...	we must ask ourselves what the meaning is of...
les statistiques ne traduisent pas toute la réalité	the statistics do not communicate the full reality
les chiffres sont parfois trompeurs	figures are sometimes deceptive
remettre en cause	to call into question
exprimer son mécontentement	to express one's displeasure
réfuter une théorie	to reject a theory
condamner nettement	to condemn outright
prendre le contre-pied	to take the opposite view
être fermement opposé(e) à...	to be firmly opposed to...
ce n'est pas l'unique piste à explorer	it is not the only avenue to be explored
il y a quelque exagération à affirmer que...	it is somewhat excessive to state that...
on peut à l'inverse soutenir que...	conversely it can be maintained that...
rares sont ceux qui diront...	very few will say...
j'y trouve à redire	I find things wrong with this
je m'obstine dans le refus	I dig my heels in (i.e. saying no)
contrairement à ce que prétend(ent)...	contrary to the claims made by...
qui pourrait soutenir que... *(+ subj)*?	who could maintain that...?
croit-on vraiment que... *(+ subj)*?	do people really believe that...?
où veut-on en venir?	what are they trying to achieve?
rien ne serait plus vain que (de + *infin*)	nothing would be more futile than (to)...
on est en droit de se demander	one has every right to wonder

on peut s'étonner que *(+ subj)*	one might be (justifiably) astonished that...
il est illusoire de s'imaginer que *(+ subj)*	it is fanciful to imagine that...
il est invraisemblable que *(+ subj)*	it is improbable that...
il y a peu de chances que *(+ subj)*	there is not much likelihood that...
il est encore moins certain que *(+ subj)*	it is even less certain that...

1.12 Une mauvaise idée — A bad idea

inadmissible	unacceptable
scandaleux	scandalous
impensable	unthinkable

un concept vide de sens	a senseless concept
exercer une influence malsaine	to have an unhealthy influence
n'avoir qu'un impact limité	to have only a limited impact
l'argument ne repose sur rien de sérieux	there is no sound basis for the argument
être à court d'arguments	to be short of arguments
raisonner faux	to use false reasoning
un pis-aller	a last resort
c'est du jamais vu	it's unheard of
une idée monstrueuse	monstrous idea
aberrante	absurd idea
abracadabrante	preposterous idea
farfelue	eccentric idea
inadmissible	unacceptable idea
démentielle	crazy idea
l'idée se révèle fausse	the idea turns out to be wrong
c'est le monde à l'envers	it's all upside down
c'est un outrage au bon sens	it's an outrage to common sense
c'est du pur délire	it's sheer lunacy
il est hors de question de *(+ infin)*	to ... is out of the question
cet avis a entraîné de fortes protestations	this view has provoked strong protests
l'argument donne naissance à de vives critiques	the argument provokes forceful criticisms
l'argument ne dépasse pas la surface des choses	the argument only skims the surface
dépassons ces enfantillages	let's get beyond these childish ideas

l'argument ne rime à rien	the argument doesn't add up
recèle de graves ambiguïtés	conceals serious ambiguities
est hautement contestable	is highly debatable
est dépourvu de sens	is senseless
est inventé de toutes pièces	is pure invention
est de peu de poids	is insubstantial
est tiré par les cheveux	is contrived
est démenti par les faits	is belied by the facts
les arguments ne résistent guère à l'analyse	the arguments do not really withstand close analysis
c'est une politique vouée à l'échec	it's a policy doomed to failure
de l'autruche	of burying one's head in the sand
de faux-semblants	pretending to be something it is not
en panne à tous les égards	which has completely collapsed
coupée des réalités du terrain	remote from the realities of life
une approche totalement dépassée	a completely outdated approach
parler à tort et à travers	to speak nonsense
débiter des banalités	to dish out clichés
nager dans la confusion	to flounder around in confusion

1.13 C'est évident   It is obvious

c'est clair et net	it is obvious
le fait établi	established fact
cela va sans dire que...	it goes without saying that...

manifestement } de toute évidence	obviously
le constat	accepted fact
chacun peut constater que...	anyone can see that...
inutile de dire	needless to say
il n'est pas étonnant que...	it is not surprising that...
il est vraisemblable que...	it is likely that...
quasiment certain	more or less certain
hors de doute	beyond doubt

regardons les choses en face	let us face up to things
force est de constater que...	one cannot help stating that...
cela saute aux yeux	it is painfully obvious
il va de soi que...	it goes without saying that...
personne ne conteste le fait que...	nobody challenges the fact that...
certaines tendances se dégagent	certain tendencies are emerging
enfoncer une porte ouverte	to state the obvious
cela se passe d'explication	it is self-explanatory
les chiffres l'attestent ⎫ **en témoignent** ⎭	the figures bear this out

**certains indices portent à croire
    que...**
	certain signs lead one to believe
	      that...

cela en dit long sur...	that speaks volumes about...
qu'on le veuille ou non	whether one likes it or not
il ne fait pas de doute que *(+ indic)* ⎫ **nul doute que** *(+ indic)* ⎭	there is no doubt that...
selon toute vraisemblance	in all probability
selon toute hypothèse	according to all suppositions
** apparence**	all the evidence
il y a fort à penser que... ⎫ **il y a tout lieu de penser** ⎭	there is every reason for thinking that...
tout porte à penser que...	everything leads one to think...
comment s'étonner que *(+ subj)*	it is hardly surprising that...
il ne faut pas s'étonner que *(+ subj)*	one should not be surprised that...
rien d'étonnant à ce que *(+ subj)*	there is nothing surprising in that...
il est normal que *(+ subj)*	it is normal (i.e. not surprising) that...
nul n'ignore (que)...	nobody is unaware of (the fact that)...
nul ne saurait douter que...	nobody can doubt that...
tout contribue à cette certitude	everything contributes to this certainty
que... *(+ indic)*, **c'est l'évidence**	it is obvious that...
comme il fallait s'y attendre	as was to be expected

**avec de telles données, plus de
    doute possible**
	with facts/data like these, there is
	    no longer any possible doubt

c'est dans l'ordre des choses	it is in the nature of things

1.14 Comme j'ai déjà dit...   As I have said before...

bref	in a word/in short
en d'autres termes ⎫ autrement dit ⎭	in other words

j'en reviens toujours là	I come back to that point again
j'ai déjà constaté	I have already established
nous l'avons noté	we have noted the fact
cet argument renforce ce que j'ai dit	this argument supports what I said
cela revient à dire que... ⎫ autant dire que... ⎭	this boils down to saying that...
cela se réduit à...	this boils down to...
et l'on revient à la case départ	and we come back to square one

1.15 Et...   And...

d'ailleurs en/de plus en outre ⎭	what is more

à cela s'ajoute...	in addition there is...
il en est de même	the same is true
on notera au passage	we must note in passing
on peut également constater	one can also see
à noter également que...	it is also worth noting that...
encore faut-il noter que...	it must also be noted that...
de/par surcroît	besides
par ailleurs	furthermore
aller de pair avec	to go hand in hand with

1.16 Mais...   But...

cependant/pourtant	however
en tout cas de toute façon ⎭	in any case

néanmoins/toutefois	nevertheless
en effet en vérité à la vérité ⎭	but in fact
par contre	conversely
à l'inverse en revanche ⎭	on the other hand
quoi qu'il en soit n'empêche que ⎭	regardless of that
toujours est-il que... il n'en reste pas moins que... il n'en demeure pas moins que... ⎭	the fact remains that...

il en va différemment pour...	it is not the same in the case of...
sur un tout autre plan	on an entirely different level
encore faut-il se garder de conclure que...	but we must be wary of concluding that...

1.17 Donc...   Therefore...

le résultat	result
la conséquence	consequence

or,...	so,...
aussi *(+ inverted verb)*	so
d'où	as a consequence of which
par conséquent	consequently
par la suite	subsequently
il en résulte/découle (fatalement)	the (inevitable) result of this is
il s'ensuit que...	it follows from this that...
par voie de conséquence	as a consequence
et tout ce qui s'ensuit	and all which follows as a consequence

1.18 Au sujet de...   On the subject of...

vis-à-vis de ⎫ à propos de ⎭	with regard to

en matière de... en/pour ce qui concerne... ⎭	as far as... is/are concerned
par rapport à ⎫ à l'égard de ⎬ sur le plan de ⎭	with regard to
dans le cadre de ⎫ dans l'optique de ⎬ dans le domaine de ⎭	in the area/context of

1.19 En général   In general

de manière générale	generally speaking
en règle générale	as a rule

quasiment	almost, practically
dans une large mesure	to a great extent
dans une moindre mesure	to a lesser extent
dans l'ensemble } grosso modo	on the whole
dans la mesure du possible	as far as possible
à bien des égards	in many respects
à tous les égards sous tous les rapports }	in all respects
en gros	roughly
tous âges confondus	taking all age-groups into account
la quasi-totalité	almost all
à de rares exceptions près	with few exceptions

1.20 Si c'est vrai   If this is true

s'il en est ainsi	if this is the case

dans l'éventualité de...	in the event of...
selon cette hypothèse	according to this supposition
que je sache	as far as I know
pour autant qu'on puisse en juger	as far as one can judge
reste à démontrer que...	it remains to be shown that...

admettons/supposons que les
   choses en soient là
	let us admit/suppose that things
	   have come to this

le cas échéant	should this arise
ne pas écarter la possibilité	not to dismiss the possibility

1.21 Euh...   Er...

par exemple	for example
entre autres	among other things

en tout état de cause	at all events
en un certain sens	in one sense
pour ainsi dire	so to speak
à bien y réfléchir	if you really think about it
en quelque sorte	in a way
jusqu'à un certain point	up to a point
et ainsi de suite	and so on

1.22 On verra bien   We shall see

l'avenir *(m)*/le futur	the future
s'attendre à	to expect
attendre avec impatience	to look forward to

qu'en sera-t-il de l'avenir?	what will the future bring?
que résultera-t-il de...?	what will be the result of...?
seul l'avenir nous le dira	only time will tell
reste à savoir si...	it remains to be seen whether...
reste à espérer que...	the hope remains that...
quoi qu'il advienne	whatever happens
il est à prévoir que...	it is possible to predict that...
suivre son cours normal	to follow its usual course
l'heure de vérité approche	the moment of truth is approaching
s'attendre au pire	to expect the worst
faire craindre le pire	to lead one to expect the worst
la portée pratique d'une décision	the practical implications of a decision
on peut se perdre en conjectures	one could speculate for ever
se garder de tout pronostic	to refrain from making predictions
jugement	hasty
péremptoire	judgements
l'incertitude plane sur...	uncertainty hovers over...
prendre son mal en patience	to suffer in silence
rien ne laisse présager	there is no reason for predicting
prévoir l'hypothèse dans laquelle...	to foresee a situation whereby...
dans la meilleure des hypothèses	if things turn out for the best
de réels motifs d'espoir	real grounds for hope
se dérouler selon les prévisions	to go according to plan
cela n'augure rien de bon	that bodes ill
l'expérience ne porte pas à l'optimisme *(m)*	experience does not make one feel optimistic
l'optimisme *(m)*/le pessimisme reste de rigueur	one can only be optimistic/ pessimistic
une perspective qui n'incite pas à l'euphorie *(f)*	a far from cheering prospect
le catastrophisme n'est pas de mise	a gloom-and-doom attitude is inappropriate

1.23 Finalement   **Finally**

en somme	to sum up
tout compte fait	when all is said and done
à tout prendre	taking everything together

à bien réfléchir ⎫ tout bien réfléchi ⎭	after careful thought
l'heure est aux bilans	it is time to assess things
j'en viens à conclure que...	I come to the conclusion that...

à l'heure des bilans, tout
    n'est pas rose
	when you weigh things up,
	    the situation is not entirely rosy

il s'agit de porter un jugement
    sur...
	we have to make a judgement
	    on...

deux conclusions s'en déduisent	two conclusions emerge from this
mettre les points sur les i	to dot the i's

restons-en là de notre examen
    de...
	let us leave our examination of...
	    at that point...

CQFD (ce qui fut démontré)	QED (*quod erat demonstrandum*)

1.24 Le temps   **Time**

l'époque (f)	era, period of time
jusqu'ici	up to now
de nos jours	these days
en ce moment	at the moment
longtemps	for a long temps
à la fois	simultaneously
aussitôt que possible	as soon as possible
pour l'instant	for the moment
tôt ou tard	sooner or later
de temps en temps	from time to time
en même temps	at the same time
la plupart du temps	most of the time

au même instant	at (precisely) the same moment
au même moment	at the same (period of) time
à ce moment-là	at the time (past)
un petit moment	a little while
un bon moment	quite a while
au bout d'un moment	after a while
à partir du moment où...	from the time when...

à l'heure actuelle ⎫ à l'heure qu'il est ⎭	at the present time
à l'époque actuelle	these days
par les temps qui courent	**in the times we are living through**
autrefois ⎫ jadis ⎭	in days gone by
le bon vieux temps	the good old days
il y a belle lurette	**a long while ago (reminiscence)**
il y a bien longtemps	a very long time ago
à cette époque-là	in those days
des siècles durant	**for centuries (in the past)**
naguère	**not so long ago/in recent times**
dans un passé récent	in the recent past
la décennie 90	the decade 1990–2000
aux débuts des années quatre-vingt-dix	at the beginning of the nineties
à partir du milieu des années quatre-vingts	as from the mid-eighties
dans un/le même temps	over the same period
sur une trentaine d'années	over a period of 30 years or so
désormais ⎫ d'ores et déjà ⎭	from now on
du jour au lendemain	overnight
en un tournemain	**in no time**
en l'espace de trois ans	within three years (time taken)
dans l'immédiat	in the immediate future
dans un proche avenir	in the near future
dans un premier temps	**in the early stages**
dans un second temps	**during the second stage**
dans les plus brefs délais	as soon as possible
dans un délai de quinze jours	within a fortnight
arriver à (l')échéance (f)	**to reach the due date**
un projet à plus longue échéance	**a longer-term plan**
un processus à long terme	a long-term process
à plus ou moins long terme	in the longer or shorter run
sans échéance précise	**without a definite time limit**
il est grand temps de...	**it is high time to...**
c'est l'occasion ou jamais de...	**this is the ultimate opportunity to...**
gagner du temps	to play for time
remettre aux calendes grecques	**to put off indefinitely**
traîner en longueur	**to drag on**
toutes ces perspectives apparaissent lointaines	**all these visions seem far-off**
au fil des années	**as the years go by**
bon an mal an	**year in, year out**
s'étaler sur plusieurs années	**to be spread out over several years**
dans les décennies à venir	**in decades to come**

1.25 Quelques faux amis — A few false friends

l'achèvement *(m)*	completion
actuel	present, current
l'agenda *(m)*	diary
l'agrément *(m)*	pleasantness
l'appréciation *(f)*	assessment
la caution	deposit against damages
la confidence	confidential information
la déception	disappointment
éventuellement	in the event
l'évidence *(f)*	obviousness
le grief	**grievance**
l'injure *(f)*	**insult**
incessamment	**without delay**
la lecture	reading
le préjudice	**harm**
prétendre	to claim (e.g. to be the best)
le procès	trial
la rente	**private income**
sensible	sensitive
le stage	course (e.g. training)
le studio	one-bedroom flat
le trouble	**confusion, distress**
user	to wear out
valable	valid
versatile	**volatile**

achievement	l'accomplissement *(m)*
actual	vrai/réel
agenda (arrangements)	le programme
agenda (for meeting)	l'ordre *(m)* du jour
agreement	l'accord *(m)*
appreciation	la reconnaissance
caution	la précaution
confidence	la confiance
deception	**la tromperie**
eventually	en fin de compte
evidence	la preuve
grief	la douleur
injury	la blessure
incessantly	**sans arrêt**
lecture	la conférence
prejudice	**le préjugé**
to pretend	faire semblant
process	le processus
rent	le loyer
sensible	sensé
stage	la scène
studio (e.g. artist's)	l'atelier *(m)*
trouble	**les ennuis *(m)***
to use	utiliser
valuable	de (grande) valeur
versatile	**aux talents variés**

2 La vie urbaine et rurale

les activités culturelles	cultural activities
sportives	sporting activities
le centre commercial	shopping precinct
les petits commerces	small shops
le centre-ville	town centre
les distractions *(f)*	entertainments, things to do
les facilités	facilities
la grande ville	city
l'habitant *(m)*	inhabitant
le/la propriétaire	owner
le quartier	district within town
le bâtiment	building
l'usine *(f)*	factory
la campagne	countryside
la chasse	hunting
chasser	to hunt
cultiver qqch.	to grow something
la ferme	farm
le fermier	farmer
le pays	area
le paysage	scenery
le paysan	peasant, small-holder
la pêche	fishing
le terrain	plot of land
la terre	the land
tranquille	peaceful
la tranquillité/le calme	peace and quiet

2.1 Généralités — Generalities

l'ambiance (f)	atmosphere, mood
le chantier	building site
démolir	to demolish
l'espace vert	area of greenery
la municipalité	local authority
négliger	to neglect
le réaménagement	**redevelopment**
rénover	to renovate
la villa	detached house

2.2 Le cadre urbain

Urban surroundings

en milieu urbain	in an urban environment
l'agglomération *(f)*	built-up area
l'arrondissement *(m)*	postal district within city
la banlieue	suburb
les bas quartiers	slums
le bidonville	**shanty town**
le chef-lieu	**main town in the area**
l'entrepôt *(m)*	**warehouse**
l'étalement *(m)* **urbain**	**urban sprawl**
le faubourg	outskirts
la sortie de la ville	edge of town
le gratte-ciel	**skyscraper**
la mégalopole	**megalopolis**
le pâté de maisons	**block of buildings**
le quartier défavorisé	**depressed area**
les quartiers déshérités	**neglected areas**
le quartier pavillonnaire	**residential district with detached houses**
le renouvellement urbain	**urban renewal**
le surpeuplement	overcrowding
le terrain vague	waste ground
l'urbanisation *(f)*	urban development
être en voie de dégradation	**to be deteriorating**
le voisinage	neighbourhood
la zone industrielle	industrial estate
la zone piétonnière/piétonne	pedestrian area
la zone à urbaniser en priorité (ZUP)	**priority development area**

2.3 La circulation en ville

City traffic

l'amende *(f)*	fine (e.g. for illegal parking)
le bouchon	bottle-neck, traffic jam
la chaussée	roadway
le/la contractuel(le)	traffic warden
le couloir d'autobus	bus lane
l'engorgement *(m)*	congestion
être pris dans un embouteillage	to be caught in a traffic jam
les gaz *(m)* d'échappement	exhaust fumes
le passage souterrain	pedestrian underpass
la piste cyclable	cycle lane
le pont routier	flyover
la rocade	ring-road, by-pass
la rue à sens unique	one-way street
le stationnement difficile	difficulty of parking
rouler en accordéon	**to drive bumper to bumper**

2.4 Le logement | Housing

l'agence *(f)* immobilière	estate agency
l'appartement *(m)*	apartment
la cité	estate of blocks of flats
un HLM (habitation *(f)* à loyer modéré)	council flat
le locataire	tenant
le loyer	rent
l'immeuble *(m)*	apartment block
l'immeuble *(m)* de grand standing	luxury apartment block
l'immeuble *(m)* vétuste	run-down building
le logement mal insonorisé	badly soundproofed home
le logement social	local authority housing
le parc immobilier	housing stock/number of properties nationwide
le parc locatif	stock of housing available to be let
le parc locatif social	stock of local authority housing
la pénurie de logements locatifs	shortage of rented property
le pavillon	detached house (often suburban)
la résidence secondaire	second home
le rétrécissement de l'offre	decline in the amount of housing available
le taudis	hovel, slum dwelling
le voisin de palier	neighbour on same floor of building

2.5 Les migrations quotidiennes | Commuting

le banlieusard	suburban resident, commuter
le citadin	town dweller
faire la navette	to commute
les frais *(m)* de déplacement	travelling expenses
l'heure *(f)* de pointe	rush hour
les transports collectifs/en commun	public transport
la ville dortoir	dormitory town
métro-boulot-dodo	underground – work – sleep (daily routine)
les trains sont bondés	the trains are packed

2.6 Les inconvénients de la vie urbaine

Disadvantages of urban life

l'anonymat des grandes villes	anonymity of cities
bruyant	noisy
le cadre de vie défectueux	**inadequate living conditions**
la défonce à l'alcool	**binge drinking**
irrespirable	unbreathable
les loyers élevés	high rents
le manque d'air frais	lack of fresh air
d'espaces verts	areas of greenery
le rythme de vie frénétique	**hectic pace of life**
la rue jonchée de détritus	**street strewn with litter**
la solitude	loneliness
le squatter	squatter
surpeuplé	overcrowded
les transports peu fiables	unreliable transport

2.7 Le cadre rural

Rural surroundings

le coin perdu	remote place
la commune	village/group of villages/town
le domaine	**country estate**
le fin fond de la campagne	**the depths of the country**
la France profonde	**the (rural) heart of France**
la parcelle de terre	**small plot/strip of land**
les terres boisées	wooded areas
respirer l'air frais	to breathe fresh air
le rythme de vie reposant	relaxing pace of life
le sens de la communauté	community spirit
le dépeuplement	decrease in population
la désertification	depopulation

2.8 Les gens du pays

The locals

l'agriculteur	farmer
le campagnard	country dweller
le vigneron	wine-grower
le berger/la bergère	**shepherd/shepherdess**
le braconnier	**poacher**
les exploitants agricoles	**farming community**
le garde-chasse	**gamekeeper**
le métayer	**tenant farmer**
le notable	**local worthy**

2.9 L'agriculture   Agriculture

agricole	agricultural
l'arbre fruitier	fruit tree
les céréales *(f)*	cereal crops
la coopérative	**cooperative**
la cueillette des ...	... picking
cueillir	to pick, gather
le cultivateur	farmer
la culture	crop growing
la culture biologique	organic farming
défricher	**to clear (land)**
les engrais chimiques	chemical fertilisers
l'insecticide *(m)*	insecticide
être en jachère	**to lie fallow**
la moisson	harvesting of crops
produire	to produce
le produit agricole	agricultural product, crop
la récolte	the harvested crop
semer	to sow
la serre	greenhouse
la sylviculture	**forestry**
le verger	orchard
la vendange	grape harvest
la vigne	vine
le vignoble	vineyard

2.10 L'élevage (m)   Livestock breeding

le bétail	livestock
l'écurie *(f)*	**stable**
l'éleveur *(m)*	livestock breeder
l'étable *(f)*	**cowshed**
le gibier	**game (hunted)**
la grippe aviaire	**bird flu**
l'industrie *(f)* laitière	dairy farming
la maladie de la vache folle	**mad cow disease**
la transhumance	**movement of grazing stock in spring and autumn**
le troupeau	flock
la volaille	poultry

Chapter 2   La vie urbaine et rurale

2.11 Les inconvénients de la vie rurale

Disadvantages of rural life

dépendre de	to be dependent on
l'exode rural	move to the towns
l'isolement *(m)*	isolation
laisser à l'abandon	to leave to rack and ruin
le manque de prestations	**lack of facilities**
le manque de distractions	lack of things to do
commerces	shops
transports en commun	public transport

http://www.univ-paris12.fr/www/labos/labvu/
http://calenda.revues.org/nouvelle546.html
http://www.histoire-genealogie.com/mot.php3?id_mot=6

3 La vie économique

l'argent *(m)* liquide	ready cash
le commerce	trade
le compte-chèques	bank cheque account
le compte en banque	bank account
coûter (cher)	to cost (a lot)
dépenser	to spend
la dette	debt
diminuer les dépenses *(fpl)*	to cut spending
emprunter	to borrow
faire des économies	to save up
le financement	financing
gagner	to earn
la livre sterling	pound sterling
le mode de paiement	method of payment
payer par chèque	to pay by cheque
payer en espèces/liquide au comptant	to pay in cash
le prêt bancaire	bank loan
prêter	to lend
le prix	price
recevoir	to receive
régler une facture	to settle a bill
rembourser	to pay back
le revenu	income
le salaire	salary
le taux d'intérêt	interest rate
verser	to pay in

3.1 L'État Providence — Welfare State

la Sécu (= Sécurité sociale)	social security
accorder des primes	to provide subsidies
les allocations familiales	family allowances
les cotisations sociales la CRDS (contribution au remboursement de la dette sociale) la CSG (contribution sociale généralisée)	social security charges

les cotisations vieillesse	pension contributions
verser une cotisation	to pay a contribution
les inégalités sociales	social inequality
la part consacrée à...	the portion given over to...
la prestation de vieillesse	old age pension
répartir équitablement	to share out fairly
le RMI (revenu minimum d'insertion)	basic social security allowance
le RMiste	person receiving the RMI
subvenir aux besoins de...	to meet the needs of...
subventionner	to subsidise

3.2 La fiscalité   Taxation

le contribuable	tax payer
prélever des impôts	to levy taxes
l'impôt *(m)*	tax (on income)
l'impôt *(m)* sur le revenu	income tax
les impôts locaux	local taxes
augmenter les impôts	to put up taxes
la taxe	tax (on goods/services)
la TVA (taxe sur la valeur ajoutée)	VAT (value-added tax)
le taux (plus) élevé	high(er) rate
(plus) bas	low(er) rate
les recettes fiscales	income from taxation
la redistribution des richesses	redistribution of wealth
l'alourdissement *(m)*	increasing the burden
l'allègement *(m)*	lightening the burden
l'incitation fiscale	tax incentive
la fraude fiscale	tax evasion
le paradis fiscal	tax haven
le percepteur d'impôts	collector of taxes
la perception	tax office
le prélèvement obligatoire	compulsory deduction

3.3 Le trésor public   Public Revenue Office

les enjeux *(m)* économiques	economic issues
la planification économique	economic planning
la pierre angulaire de la	**the corner stone of economic**
planification économique	**planning**
évaluer les comptes	to weigh up the accounts
faire tourner l'économie *(f)*	to keep the economy going
la dépense publique	public expenditure
la conjoncture économique	overall economic situation
(dé)favorable	(un)favourable

manquer des moyens financiers pour...	to lack the funds to...
le financement insuffisant	underfunding
les estimations (f) inférieures à la réalité	estimates which fall below actual costs
la subvention	subsidy
la politique (anti-) inflationniste	(anti-) inflationary policy
la dette publique	national debt
le déficit budgétaire	budgetary deficit
le PIB (produit intérieur brut)	GDP (gross domestic product)
le protectionnisme	protectionism (against imports)
les barrières douanières	trade barriers

3.4 La crise économique — Economic crisis

la période de récession	period of recession
le ralentissement (généralisé)	(overall) slowing down
le freinage de la demande	slow-down in sales
l'indice (m) d'un déséquilibre économique	sign of economic instability
le risque de surchauffe	risk of overheating
la reprise s'essouffle	the recovery is running out of steam
la croissance se traîne	growth is slowing down
une conjoncture intérieure ralentie peu dynamique	a slow-down in economic activity sluggish economic situation
le repli de l'investissement	fall in investment
l'insuffisance (f) de l'investissement	inadequate level of investment
un dérapage des déficits publics	sharp increase in national debt
le déficit du commerce extérieur se creuse	the balance of payments deficit is increasing
les moyens sont en retard sur les besoins	funds are not keeping up with needs
les retombées économiques	economic consequences
une phase dépressionnaire s'engage	a slump begins
la récession creuse le déficit public	recession increases national debt
une crise sévit	a crisis is raging
atteindre la cote d'alerte	to reach danger point

3.5 Le redressement économique

Economic recovery

un plan de redressement	recovery plan
engager le combat contre l'inflation	to fight inflation
combattre les tendances inflationnistes	to combat inflationary tendencies
prendre des mesures draconiennes	to take drastic measures
enrayer un processus de déclin	to check a process of decline
la rigueur budgétaire s'est intensifiée	budgetary policy has got even tighter
assainir la situation financière	to create a more healthy economic situation
un assainissement durable	lasting stabilisation
la relance de l'économie	getting the economy going again
une relance de l'activité s'amorce	there are signs of renewed activity
l'amorce (f) d'un renouveau	beginnings of a renewal
une fragile reprise s'esquisse	a fragile recovery begins to be perceptible
la croissance économique	economic growth
redynamiser la croissance	to revitalise growth
le redémarrage de la croissance	growth getting going again
un regain de croissance	growth getting a new lease of life
restaurer la rentabilité des entreprises	to restore the viability of businesses
la relance de la consommation	consumer spending picking up
l'excédent (m) commercial	foreign trade surplus
l'inflation a nettement reculé	inflation has come down considerably
une économie en pleine expansion	rapidly expanding economy
en plein essor	taking off
le boom des investissements	investment boom
le mieux-être matériel	better standard of living
un afflux de capitaux	in-flow of capital
l'équilibre (m) budgétaire	balance between income and expenditure
maîtriser l'inflation	to get inflation under control

3.6 Les opérations bancaires   Banking

le virement bancaire	credit transfer
le chèque barré	crossed cheque
libeller un chèque au nom de...	to make out a cheque to...
le montant	sum, total
solder un compte	**to wind up an account**
être titulaire d'une carte de crédit	**to hold a credit card**
le créancier	creditor
solliciter un prêt à long terme	to request a long-term loan
à court terme	short-term loan
à moyen terme	medium-term loan
un crédit/emprunt/prêt logement	
immobilier	} mortgage
hypothécaire	
la caisse d'épargne	savings bank
percevoir des intérêts	to get interest
amortir une dette	**to pay off a debt (gradually)**

3.7 Les taux d'intérêt   Interest rates

le prêt à taux zéro	interest-free loan
prêter au taux de 15%	to lend at 15% interest
le taux de base bancaire	bank base rate (of interest)
l'évolution *(f)* des taux d'intérêt	changes in interest rates
le taux élevé	high rate
nettement supérieur à la moyenne	well above average
l'envolée *(f)* des taux d'intérêt	**sharp rise in interest rates**
la remontée des taux se poursuit	**the rise in rates goes on**
inexorablement	**relentlessly**
plafonner	**to reach a ceiling**
atteindre un taux record	**to reach a record level**

3.8 Les marchés des changes   Exchange markets

une devise/monnaie forte	hard currency
faible	soft, weak currency
solide	strong currency
les devises étrangères	foreign currency
le taux de change	exchange rate
la chute du dollar	sharp fall in the value of the dollar
s'apprécier par rapport aux autres	**to gain against other currencies**
monnaies	
attirer les capitaux étrangers	**to attract foreign investment**
la surévaluation du dollar	**over-valuation of the dollar**
la politique de monnaie forte	**policy of retaining a strong currency**

3.9 L'Europe   Europe

la zone euro	euro-land
la monnaie unique européenne	single European currency
l'union monétaire européenne	European monetary union
les pays éligibles à la participation	countries eligible to join
participants	participating countries
respecter les critères	**to respect the convergence**
de convergence	criteria
les taux de change adoptés	exchange rates established
l'harmonisation fiscale	tax harmonisation

3.10 La Bourse   The Stock Exchange

investir en Bourse	to invest in shares
les cours de la Bourse	Stock Exchange prices
l'investisseur *(m)*	investor
l'actionnaire *(m,f)*	shareholder
le placement	
l'investissement *(m)* }	investment
la mise de fonds	
miser sur...	to put one's money into...
l'agent de change	**stockbroker**
le gestionnaire de portefeuilles	**portfolio manager**
l'émission *(f)* d'actions	**share issue**
des titres cotés en Bourse	shares quoted on the
	Stock Exchange
les valeurs les plus prestigieuses	**the most sought-after shares**
de la cote	
les valeurs *(f)*	**securities**
les valeurs d'ouverture/de clôture	opening/closing prices
un marché ferme	steady market
les forces du marché	market forces
la tendance est à la hausse	the trend is upwards
baisse	downwards
une forte hausse des valeurs	strong rise in stock prices
une envolée des marchés	**take-off in market prices**
la valeur monte en flèche	**the value shoots up**
réaliser des valeurs	**to cash in stocks and shares**
décrocher le gros lot	to make a 'killing'
les circonstances incitent à la	circumstances would suggest
prudence	caution
les cours *(m)* fléchissent	**prices show signs of instability**
la baisse (brutale) des cours	(sharp) drop in prices
l'effondrement *(m)* du marché	**collapse of the market**
dégringoler	to tumble
la dégringolade des actions	collapse of share prices

le calme plat	exceptionally quiet trading
le repli passager	temporary fall in prices
le marché remonte la pente	the market is recovering
le pire est passé	the worst is over
le mouvement de hausse se poursuit	the increase in prices continues
une importante vague d'achats	a surge in buying
le délit d'initié	insider dealing

3.11 Les affaires Business

une régie d'Etat	state-run industry
l'encadrement (*m*) étatique	state supervision
la globalisation	globalisation
l'exportation (*f*)	export(ing)
l'importation (*f*)	import(ing)
le secteur public	public sector
le secteur privé	private sector
une entreprise	company
les acteurs du marché	those involved in the market
les petites et moyennes entreprises	small and medium-sized businesses
le fonds de commerce	business (e.g. a shop)
le négociant (en gros) ⎫ le grossiste ⎬	wholesaler
le commerce de détail	retail trade
le détaillant	retailer
le consommateur	consumer
le marché naissant	new market
en croissance	growing market
le lancement d'un nouveau produit	launching of a new product
partir à la conquête d'un marché	to set out to capture a market
mettre en vente	to put on sale
trouver des créneaux pour diffuser un produit	to find openings to market a product
décrocher un marché	to find a market
déboucher sur le marché	to come onto the market
inonder le marché	to flood the market
la part du marché	market share
40% de parts de marché	40% market share
se tailler la part du lion du marché	to win the lion's share of the market
performant	performing well
le système D	resourcefulness
le chiffre d'affaires	turnover
de vente	sales figures
le taux de marge	profit margin

l'exportation *(f)*	export
s'implanter à l'étranger	**to get a foothold abroad**
la comptabilité	accounts department
la facture	invoice
envoi contre remboursement	**cash on delivery**

3.12 La production manufacturière — Manufacturing production

le fabricant	manufacturer
le producteur	producer
les matières premières	**raw materials**
la fabrication	manufacture
les moyens *(m)* de production	production methods
la fabrication en série	mass production
les marchandises *(f)*	goods
les coûts *(m)* de production	production costs
le prix de revient	**cost price**
la marque déposée	registered trade mark
le produit de marque	high-quality product
la rentabilité	**profitability, viability**
le chiffre d'affaires	turnover
le chiffre de vente	sales figures
le bilan annuel	**annual figures**
la marge bénéficiaire	**profit margin**
le carnet de commandes	**order book**
une entreprise performante	a high-performance company
les marchandises de pacotille	**cheap and nasty goods**
haut de gamme	**high-quality goods**

3.13 Les affaires en crise — Business in crisis

la contraction de la demande	decrease in demand
le recul de la demande	**fall in demand**
une période de creux	**period when business is slack**
être à la traîne	**to lag behind**
les affaires *(f)*	
sont en plein marasme	**business is stagnant**
en pleine récession	**in recession**
à forte intensité de main d'œuvre	**labour-intensive**
la surproduction	**over-production**
être touché(e) par la crise	to be affected by the crisis
prendre de plein fouet la crise	**to suffer the full effects of the crisis**
l'atmosphère *(f)* **est au resserrement**	**the mood favours restraint**

l'offre *(f)* dépasse largement la demande	supply considerably exceeds demand
un bénéfice faible en proportion de la dépense	small profit in relation to outlay
se répercuter sur le prix du produit	to have a knock-on effect on the price of the product
l'effondrement *(m)* des prix	collapse of prices
des coûts salariaux trop lourds	**excessive wage costs**
la hausse des coûts	increase in costs
avoir des embarras financiers	to be in financial difficulties
contracter des emprunts	to take out loans
une entreprise fortement endettée	**business heavily in debt**
une érosion des profits	**cut-back in profits**
crouler sous les dettes	**to be crushed by debts**
la carence	**insolvency**
faire faillite	to go bankrupt

3.14 Les affaires reprennent — Business is picking up

le regain d'activité	recovery in trading activity
la reprise des affaires	
diversifier ses activités	to diversify
se diversifier	
le secteur porteur	area with good prospects
le taux de production	rate of production
augmenter le rendement	**to increase production**
accroître la productivité	to increase productivity
la recherche d'une productivité toujours plus grande	seeking ever-increasing productivity
les usines tournent à plein	**factories are in full production**
l'essor *(m)* du commerce	**boom in trade**

3.15 La concurrence — Competition

détenir le monopole de...	**to have a monopoly of...**
être concurrentiel	to be competitive
les dures lois de la concurrence	the tough laws of competition
une concurrence acharnée	**fierce competition**
la rivalité fait baisser les prix	competition brings prices down
abaisser les coûts *(m)*	to cut costs
maintenir des coûts bas	to keep costs low
à moindre coût	**at a lower cost**
des prix qui défient toute concurrence	**highly competitive prices**
les pays à faibles coûts de main d'œuvre	**countries with low labour costs**
le (bon) rapport qualité-prix	(good) value for money
se vendre comme des petits pains	**to sell like hot cakes**

un éventail de prix très large	a very wide range of prices
la vente au détail/à l'unité	retail sale
faire une remise des prix ⎱ vendre au rabais ⎰	to sell at reduced prices
la vente promotionnelle ⎱ l'offre spéciale ⎰	special offer
un prix forfaitaire	a package deal
en solde	at sale price
vendre à moitié prix	to sell at half price
à perte	at a loss
l'OPA (offre publique d'achat)	take-over bid

3.16 Le revenu familial — The household budget

le salaire ⎱ les honoraires *(m)* ⎬ le traitement ⎰	salary, wages
le salaire brut	**gross salary**
la mensualité	**monthly salary**
le revenu imposable	**taxable income**
le salaire net	**net salary (after tax, etc.)**
les hauts revenus	high salaries
les moyens revenus	moderate salaries
les bas salaires	low salaries
le SMIC (salaire minimum inter- professionnel de croissance)	minimum wage
avoir les moyens de subsister	to have enough to live on
toucher un maigre salaire	to be poorly paid
avoir un travail lucratif **rémunérateur** ⎰	**to have a well-paid job**
avoir une situation aisée	to be well-off
l'exonération fiscale	**tax exemption**
la revalorisation des salaires	**pay review**
l'augmentation *(f)*	rise
la prime de fin d'année	**end-of-year bonus**
les avantages *(m)* en nature	**benefits in kind**
l'aubaine *(f)*	**windfall**
la prime de licenciement	**redundancy pay**
l'allocation *(f)*/la prime de **maternité**	**maternity pay**
débourser	to pay out
gaspiller	to waste, squander
se prémunir	**to make provision**
se constituer un modeste pécule	**to build up a small nest-egg**
le rentier	**person with private income**
avoir une vie de château ⎱ **cocagne** ⎰	**to live in the lap of luxury**
ne manquer de rien	to have everything

3.17 Le coût de la vie   Cost of living

l'indice *(m)* des prix — retail price index
une accentuation de la hausse des prix — marked increase in price rises
la consommation des ménages — **consumer spending**
le minimum vital nécessaire pour survivre — **the absolute minimum one needs to survive**
le pouvoir d'achat — purchasing power
une faible progression des salaires — slow increase in wages
la disparité des prix et des salaires — imbalance between prices and incomes

un prix **abordable** — **affordable price**
courant — **normal price**
modéré — reasonable price
élevé — high price
inabordable — **prohibitive price**
les prix flambent — **prices are spiralling**
hors de prix — **absurdly expensive**
une nouvelle hausse du prix de... — another increase in the price of...
avoir de grosses charges — **to have heavy commitments**
consacrer une partie importante de son salaire à... — to spend a large part of one's income on...
l'essentiel *(m)* — essentials
les produits *(m)* de luxe — luxury goods
subir de plein fouet l'explosion des charges — **to feel the full effect of the steep rises in costs**
la part du loyer dans le budget ne cesse de s'alourdir — **the proportion of the family budget spent on rent goes on increasing**

la flambée des loyers — **steep rise in rents**
les dépenses *(f)* d'entretien — maintenance expenses
boucler son budget }
joindre les deux bouts } — **to make ends meet**
régler sa dépense contre son revenu — **to cut one's coat according to one's cloth**

3.18 La misère   Poverty

le SDF (sans domicile fixe)	homeless person
un faible niveau de vie	a poor standard of living
faiblement rémunéré	**poorly paid**
travailler pour un salaire de misère	to work for a pittance
le ménage à revenu modeste	household with modest income
les personnes défavorisées	disadvantaged people
les plus démunis	the most badly-off
la famille à faibles ressources	low-income family
vivre chichement	**to live frugally**
le seuil de pauvreté	**the bread-line**
sous le seuil de la pauvreté	**below the poverty line**
manger de la vache enragée	**to be going through hard times**
tirer le diable par la queue	**to live from hand to mouth**
vivre aux crochets de ses parents	**to live off one's parents**
arrondir les fins de mois	**to supplement one's income**
se serrer la ceinture	**to tighten one's belt**
vivre au-dessus de ses moyens	to live beyond one's means
s'endetter	to get into debt
acheter d'occasion	to buy secondhand
être nécessiteux(-euse)	**to be hard up**
être à court d'argent	to be short of money
se priver de...	
se passer de...	to do without

http://fr.biz.yahoo.com/economie/
http://fr.finance.yahoo.com/
http://fr.dir.yahoo.com/commerce_et_economie/
http://www.finances.gouv.fr/

4 La vie politique

le candidat	candidate
la droite	the right
les élections *(fpl)*	election(s)
gagner	to win
la gauche	the left
gouverner	to govern
la loi	law
le maire	mayor
la majorité	majority
le mandat	term of office
le député	member of parliament
le/la ministre	minister
le parti politique	political party
perdre	to lose
le pouvoir	power
se présenter aux élections	to stand for election
le premier ministre	prime minister
le président	president
le sondage d'opinion	opinion poll
le soutien	support
soutenir	to support
voter	to vote

4.1 Les collectivités locales   Local authorities

le Préfet	Chief Executive (of Département)
les élections municipales	local government elections
le conseil municipal	local council
le conseiller	councillor
le maire adjoint	deputy mayor
l'administration communale	local government
régler un problème à l'échelle locale	to settle a problem at local level

4.2 La campagne électorale   The election campaign

se présenter aux élections	to stand for election
les candidats en lice	**the candidates standing**
briguer un deuxième mandat	**to seek a second term**
élaborer un projet	**to work out a plan**
mobiliser l'électorat *(m)*	to rally the support of the electorate

le manifeste	manifesto
l'enjeu électoral	election issue
tracer des objectifs	to outline objectives
la tournée électorale	election tour
le conseiller en communication	**spin doctor**
la campagne de diffamation	**smear campaign**
contrecarrer une mauvaise image	**to try to correct a negative image**
distribuer des tracts	**to distribute pamphlets**
promettre monts et merveilles	**to promise the earth**
être zélateur d'un principe	**to be strongly committed to a principle**
ménager la chèvre et le chou	**to keep both sides happy**
de la cuisine électorale	**electoral dishonesty**
la campagne bat son plein	**the campaign is in full swing**
un puissant lobby	**powerful lobby**
pronostiquer les résultats *(m)*	**to forecast the results**
disposer d'un atout déterminant	**to have a winning asset**
faire pencher la balance	**to tip the scales**
jouir d'un soutien important	**to enjoy substantial support**
la poussée/montée d'un parti	**the increase in support for a party**
raffermir sa popularité	**to bolster one's popularity**
gagner du terrain	to gain ground
progresser dans les sondages	to go up in the ratings
la cote d'un(e) candidat(e) monte	a candidate's popularity increases
baisse	declines

4.3 Les élections — **The election**

le droit de vote	voting rights
le suffrage universel	**the right of everyone to vote**
les élections présidentielles	election of the president
législatives	government
les élections anticipées	**election before the end of a mandate**
l'élection partielle	by-election
le référendum	referendum
le mode de scrutin	**voting system**
le scrutin majoritaire	**'first past the post' ballot**
la représentation proportionnelle	**proportional representation**
la circonscription	constituency
le premier tour de scrutin	first round of voting
se rendre aux urnes	**to go to the polling station**
le bulletin de vote	ballot paper
l'isoloir *(m)*	**voting booth**
donner sa voix à un(e) candidat(e)	to vote for a candidate
s'abstenir	to abstain
le taux de participation	turnout
la fraude électorale	vote-rigging

4.4 Le résultat   The result

le scrutin serré	close result
les suffrages exprimés	votes cast
le report des voix	transfer of votes
subir de lourdes pertes	to suffer heavy losses
décrocher 60% des suffrages ⎱ obtenir 60% des voix ⎰	to get 60% of the votes
une (légère) poussée à gauche	(slight) swing to the left
basculer à droite	to swing to the right
une majorité se dégage en faveur de...	a majority in favour of ... emerges
approuver à une large majorité	to approve by a sizeable majority

**déborder au-delà de son électorat
  traditionnel**
	to win votes from those who are
	  not traditional supporters

emporter une circonscription	to win a seat
une majorité de 50 sièges	a 50-seat majority
sortir largement vainqueur	to win with a clear majority
remporter une victoire écrasante	to win a landslide victory

**le bouleversement de la carte
  électorale**
	complete change in the electoral
	  map

**avoir une majorité écrasante
                faible**
	to have a huge majority
	                small majority

élu(e) sans majorité absolue	elected with no overall majority
partager le pouvoir	to share power
la coalition	coalition government
la cohabitation	president from one party working with government of another party

4.5 Les tendances politiques   Political leanings

centriste	in/of the centre
conservateur(-trice)	conservative
travailliste	Labour (G.B.)
socialiste	socialist
communiste	communist
anarchiste	anarchist
extrémiste	extremist
réactionnaire	arch-conservative reactionary
radical	radical
les libéraux-démocrates	Liberal Democrats
les Verts	Greens
le Front national	National Front
partisan du statu quo	**in favour of the present system**

4.6 Le gouvernement

The government

le siège parlementaire	seat in parliament
détenir le pouvoir	to hold power
exercer le pouvoir	to exercise power
le chef de l'Etat	the Head of State
le quinquennat	five-year presidential term
le dirigeant d'un parti	party leader
le mandat	mandate (to govern)
la législature	term of office
la coalition	coalition
nommer	to appoint
le secrétaire d'Etat	Secretary of State
le/la ministre	minister
le ministère	ministry
le ministre de l'Intérieur	Home Secretary
le ministre des Finances	Chancellor of the Exchequer
le ministre des Affaires étrangères	Foreign Secretary
le porte-parole	spokesperson
le remaniement ministériel	cabinet reshuffle
le Sénat	Senate, Upper House
l'Assemblée nationale	National Assembly, 'Commons'
la Chambre des députés	'House of Commons'

4.7 Le programme législatif

The legislative programme

la législation en vigueur	the law as it stands
fixer ses objectifs	to set one's objectives
rédiger un projet de loi	**to draw up a bill**
présenter un projet de loi	to introduce a bill
préconiser	**to be in favour of**
adopter un ensemble de mesures	to adopt a series of measures
prendre des mesures efficaces	to take effective measures
des mesures à long terme	long-term measures
à court terme	short-term measures
le débat	debate
la séance **(mouvementée)**	**(lively)** sitting
adopter une prise de position	**to adopt a position**
les dispositions *(f)* **d'un projet de loi**	**provisions of a bill**
les marges de manœuvre	**room for manœuvre**
disposer d'une faible capacité de manœuvre	**to have little room for manœuvre**
le dirigisme	**interventionism**
une politique axée sur...	a policy centred on...
l'intérêt général	the good of the general public
les intérêts particuliers	the good of individuals

la politique de rechange	alternative policy
canaliser les fonds publics vers...	to channel public funds into...
promouvoir un nombre d'initiatives	to promote a number of initiatives
se garder de prendre des mesures impopulaires	to avoid taking unpopular measures
réléguer à l'arrière-plan	to put on the back burner
placer ... au premier rang de ses préoccupations politiques	to place ... at the forefront of one's political preoccupations
une politique qui répond à la volonté du pays	policy which reflects what the country wants
marginaliser ses adversaires	to put one's opponents in a weak position
lancer une action préventive contre...	to launch preventive action against...
imposer sa propre donne	to impose one's own ideas
ne pas transiger	to be uncompromising
maintenir le cap	to keep on course
prendre des mesures radicales	to take radical measures
une rupture avec l'ancienne politique	break with the old policy
mettre en œuvre un ambitieux programme	to implement an ambitious programme
la mise en œuvre d'un grand dessein	implementation of a great plan
un projet de longue haleine	a long-term (and complex) project
une réforme de grande envergure	far-reaching reform
de grande ampleur	substantial reform
en profondeur	radical reform
qui vise à (+ infin)	reform which aims to
changer de fond en comble	to make fundamental changes
faire table rase	to sweep away the old order
renverser la donne politique	to upset the political order
une aventure à haut risque	high-risk enterprise
rejeter un projet de loi	to throw out a bill
adopter un projet de loi	to pass a bill
abroger une loi	to repeal an act

44

4.8 Les querelles partisanes   Party-political disputes

le parti de l'opposition	opposition party
miner	to undermine
soulever un débat	to provoke discussion
proposer des modifications	to propose changes
un conflit éclate	a conflict breaks out
la pomme de discorde	bone of contention
soulever de vives protestations	to provoke vigorous protests
le fossé entre ... se creuse	the rift between ... is deepening
le clivage politique	political divide
les discussions (f) piétinent traînent en longueur	discussions are getting nowhere dragging on
un dialogue de sourds	a discussion in which neither side listens to the other
mettre l'opinion publique en éveil	to arouse public opinion
s'engager dans une polémique	to become involved in a controversy
monter une cabale	to form a conspiracy
amorcer une offensive	to initiate an offensive
le climat conflictuel	confrontational atmosphere
mettre le feu aux poudres	to act in an inflammatory manner
des querelles (f) surgissent	quarrels break out
s'insurger contre...	to revolt against...
prononcer un violent réquisitoire	to condemn in the strongest terms
l'opposition (f) se durcit	opposition is hardening
un raidissement très net	a very distinct hardening of attitudes
ne pas en démordre	to refuse to back down
revenir à la charge	to go back on the attack
fustiger un adversaire	to denounce an opponent
passer dans le clan de l'opposition	to go over to the opposition
le noyau d'opposants	hard core of opponents
rompre avec des conceptions classiques	to break with traditional ideas
le changement de cap	change in direction (policy)
le revirement le retournement le volte-face	u-turn in policy
un tournant de grande ampleur	very significant turning-point
le fossé se réduit	the rift is narrowing
la crise s'est dénouée	the crisis has been resolved

4.9 La mise en question du gouvernement

Challenging the government

le gouvernement	the government is
est responsable de...	accountable for...
s'expose à des critiques	exposing itself to criticism
manque aux engagements pris	failing to honour its commitments
provoque des insatisfactions	causing discontent
traîne les pieds	dragging its feet
est en perte de vitesse	losing momentum
s'endort sur ses lauriers	resting on its laurels
montre des signes d'essoufflement	showing signs of running out of steam
gouverne sans cap	governing with no sense of purpose
est en retard sur les idées de son temps	out of touch with modern ideas
une politique à courte vue	a short-sighted policy
de la corde raide	political brinkmanship
de l'autruche	burying one's head in the sand
contradictoire avec le discours ambiant	against current opinion
les tergiversations (f) du gouvernement	the government's dithering
être en panne idéologique	to have run out of ideas
les retards (m) dans l'exécution des décisions	delays in carrying out decisions
la non-réalisation des promesses électorales	failure to fulfil election promises
le sans-logisme	illogicality
une politique qui se distingue par son irréalisme	a conspicuously unrealistic policy
une stratégie qui s'avère inefficace	a strategy which is proving to be ineffective
une mauvaise appréciation du rythme de changement souhaitable	a failure to understand the pace of change needed
autant de bombes à retardement	so many time-bombs
il manque la volonté politique pour affronter le problème	the political will to tackle the problem is lacking
les prédictions se sont trouvées démenties	the predictions have turned out to be wrong
brouiller les cartes pour gagner du temps	to cloud the issue in order to play for time
susciter une vive polémique	to stir up a fierce controversy
donner lieu à de multiples contestations (f)	to give rise to many objections

la situation devient préoccupante	the situation is giving cause for concern
la manifestation	demonstration
l'insatisfaction *(f)* demeure	dissatisfaction remains
être en mal de popularité	to be short on popularity
démissionner	to resign
renoncer au pouvoir	to give up power

4.10 La politique extérieure   Foreign policy

sur le plan international	internationally speaking
prendre une dimension internationale	**to take on an international dimension**
les relations internationales	international relations
les Nations-Unies	United Nations
l'OTAN	NATO
la violation des droits de l'homme	human rights violations
un foyer de tension est en train de naître	**an area of tension is developing**
le différend opposant les deux pays	**disagreement bringing the two countries into conflict**
les relations se détériorent	relations are getting worse
l'escalade verbale	**increasingly heated exchanges**
rompre les relations diplomatiques	to break off diplomatic relations
la rupture des...	the breaking off of...
décider des sanctions économiques à l'encontre d'un pays	to decide on economic sanctions against a country
un embargo sur les armes	arms embargo
pétrolier	oil embargo
être soumis(e) à un embargo	**to be subjected to an embargo**
réclamer une levée de l'embargo	**to demand that the embargo be lifted**
les super-puissances *(f)*	super-powers
une conférence au sommet	a summit conference
négocier	to negotiate
les discussions *(f)* en coulisses	**discussions behind the scenes**
des négociations serrées	**tightly-argued negotiations**
un préalable jugé inacceptable	**preconditions regarded as unacceptable**
l'intransigeance *(f)*	inflexibility
user d'un droit de veto	**to use a right of veto**

l'échec *(m)* des pourparlers	breakdown of talks
renouer le dialogue	to reopen discussions
jouer le rôle d'un conciliateur	**to act as conciliator**
sortir de l'impasse	to break the deadlock
la zone de consensus	**area of consensus**
trouver un terrain d'entente	to establish an area of agreement
conclure un accord formel	to reach a formal agreement
la détente	decrease in level of tension
un accord bilatéral	**agreement between two sides**
un accord de contrôle des armements	**arms control agreement**
un grand tournant historique	epoch-making event

4.11 Le conflit armé — Armed conflict

les moyens *(m)* de défense	defences
la force de frappe	strike force
la guerre classique	conventional warfare
les essais *(m)* nucléaires	nuclear weapons testing
la course aux armements	arms race
la prolifération des armes	**arms proliferation**
un conflit s'amorce	**there are signs of conflict**
le pays s'enlise dans la guerre	**the country is being sucked into war**
relancer les offensives	**to launch a further offensive**
une épreuve de force	**trial of strength**
le bombardement	bombing
la trève	truce, cease-fire
la paix s'est maintenue	peace has been maintained
les crimes *(m)* de guerre	war crimes

4.12 Le terrorisme   Terrorism

l'attentat *(m)*	terrorist attack
le jusqu'au-boutisme	**fanatical determination**
viser une cible	to aim at a target
frapper des responsables politiques	to strike at politicians
frapper à l'aveugle	to strike indiscriminately
la victime	victim
le/la civil(e)	civilian
à titre de représailles	**by way of retaliation**
l'alerte *(f)* à la bombe	bomb alert
détourner un avion	to hijack a plane
le pirate de l'air	hijacker
l'otage	hostage
la voiture piégée	booby-trapped car
provoquer d'importants dégâts matériels	to cause considerable damage
déstabiliser le régime en place	to destabilise the existing government
ébranler la démocratie	**to weaken democracy**
manipuler l'opinion publique	to manipulate public opinion
revendiquer un attentat	to claim responsibility for an attack
susciter un dégoût général	to provoke widespread disgust
dénoncer la violence aveugle	to denounce indiscriminate violence
extirper le mal	**to root out the evil**
céder aux revendications	to give in to demands
tenir bon face au terrorisme	to stand firm against terrorism

http://francepolitique.free.fr/
http://fr.news.yahoo.com/politique/
http://www.politique.com/
http://www.premier-ministre.gouv.fr/fr

5 L'immigration et le racisme

le/la Beur	second generation North African
le comportement raciste	racist behaviour
la discrimination	discrimination
la diversité culturelle	cultural diversity
les droits *(m)* et les devoirs *(m)*	rights and obligations
exclure	to exclude
l'insertion *(f)*	integration
l'intolérance *(f)*	intolerance
le mode de vie	way of life
le préjugé	prejudice
la religion islamique	Islam
l'imam	imam, Muslim priest
la mosquée	mosque
le/la Maghrébin(e)	North African
le réfugié	refugee
le sans-papier	illegal immigrant
être victime de discrimination	to be discriminated against

5.1 La migration   Migration

le/la ressortissant(e)	expatriate
le pays d'origine	country of origin
d'adoption	adoption
la terre d'accueil	host country
chercher une vie meilleure	to seek a better life
la terre promise	the promised land
fuir la misère	to flee poverty
le chômage	unemployment
la tyrannie	tyranny
courir des risques	to run risks
le trafiquant	trafficker
l'immigration clandestine	illegal immigration
emprunter des filières clandestines	**to use an illegal network**
payer un prix exorbitant	to pay an extortionate price
passer la frontière	to get across the border

5.2 Les contrôles

Checks

limiter l'accès au territoire	to impose immigration controls
maîtriser les flux d'entrée	to control the flow of immigrants
le filtrage rigoureux	**strict controls on entry**
endiguer le flot	**to stem the flood**
colmater toutes les brèches	**to close all the loopholes**
un examen au cas pour cas	**examining each case on its merits**
être admis(e) à titre de...	**to be admitted as...**
...travailleur(-euse) immigré(e)	**...an immigrant worker**
...réfugié(e) politique	**...a political refugee**
être en situation irrégulière	to be without the right documents
être en attente de régularisation	to be waiting for a residence permit
être muni(e) d'une pièce d'identité	to have identification papers
d'un titre de séjour	a residence permit
d'un visa de tourisme	a tourist visa
être démuni(e) d'une carte de travail	to have no work permit
le statut de réfugié	refugee status
le droit d'asile	right of asylum
des attaches familiales	family ties
le regroupement familial	family joining an immigrant
de faux demandeurs d'asile	bogus asylum seekers
un conjoint de complaisance	**bogus spouse**
le mariage blanc	**paper marriage (in name only)**

5.3 Le flux migratoire

The flood of migrants

la France connaît un nombre record d'immigrés	France has a record number of immigrants
la répartition inégale des immigrés sur le territoire	unequal distribution of immigrants within the country
atteindre des proportions critiques	to reach crisis proportions
à forte densité immigrée	with a high immigrant population
dépasser le seuil d'intolérance	**to go beyond acceptable limits**
calculer des quotas	**to set numerical limits**
pourchasser les clandestins	to oust illegal immigrants
la reconduite à la frontière	expulsion
le rapatriement	repatriation

5.4 Les problèmes de l'insertion — Problems of integration

se sentir perdu	to feel lost
avoir des problèmes de communication	to have problems communicating
le sentiment d'exclusion	sense of alienation
être déraciné(e)	**to be rootless**
inadapté(e)	**ill-adapted**
marginalisé(e)	**excluded, rejected**
être en rupture sociale	**to be at odds with society**
préférer se regrouper	to prefer to stick together
le repli identitaire	**retreat into one's own community**
être entassés dans des foyers	**to be crammed into hostels**
le centre provisoire d'hébergement	**temporary hostel**
attribuer les logements sociaux	**to allocate council flats**
le ghetto	ghetto
le logement insalubre	squalid accommodation
des cités mal pensées	ill-conceived housing estates
le travail au noir	illegal employment
le travail des sans-papiers se banalise	**employment of immigrants without papers is becoming commonplace**
les trafics de main d'œuvre	black market in labour
une main-d'œuvre	workforce
à bas salaire	poorly paid
à bon marché	cheap
peu exigeant(e)	undemanding
accepter sans rechigner	**to accept without protest**
des horaires élastiques	flexible working hours
vouloir conserver son identité culturelle	to want to maintain one's cultural identity
la liberté de pratiquer sa propre religion	freedom to practise one's own religion
les règles alimentaires du Coran	Muslim dietary laws
les règles vestimentaires	laws governing clothing

5.5 Le racisme — Racism

les propos *(m)* racistes	racist language
l'agression verbale	verbal abuse
le brassage des cultures	**mixing of cultures**
les cultures s'entrechoquent	**there is a clash of cultures**
un fossé se forme	**a gap develops**
les groupes ethniques minoritaires	**ethnic minorities**
le bouc émissaire de tous les maux	**scapegoat for everything that is wrong with society**

des indésirables	'undesirables'
des fainéants	layabouts
traîner dans les rues	to hang around in the streets
les Français de souche	French people of French origin
les Français naturalisés	naturalised French people
la méfiance	mistrust
la xénophobie	hatred of foreigners, xenophobia
l'antisémitisme *(m)*	antisemitism
entretenir des sentiments racistes	to harbour racist feelings
tenir des propos racistes	to make racist remarks
élargir la fracture communautaire	**to widen the rift between ethnic groups**
la montée de l'extrême droite	the rise of the extreme right wing
se déchaîner	**to be unleashed**
la discrimination raciale	racial discrimination
le harcèlement policier	police harassment
un climat de peur	a climate of fear
jouer des peurs	to play on fears
préjugés	prejudices
rancœurs	resentment
attiser les passions	**to fuel strong feelings**
tensions	**tensions**
une attaque de caractère raciste	racist attack
une intensification de la violence raciste	escalation of racist violence
une émeute raciale	racial riot

5.6 L'intégration / Integration

la volonté de s'intégrer	the desire to become integrated
s'identifier aux valeurs françaises	to identify with French values
régulariser sa situation	to legalise one's position
respecter les lois	to obey the laws
respecter les mœurs locales	to respect local customs
le mariage mixte	mixed marriage
l'union interraciale	racial intermarriage
le métissage	**cross-breeding**
l'intégration des divers groupes ethniques du pays	integration of a country's ethnic groups
absorber sans dommage	to absorb without trouble

http://www.chez.com/b105/themes/immigrat.htm
http://www.anti-rev.org/textes/Tarnero95a/
http://www.col.fr/rubrique-18

6 Le crime et la loi

l'amende *(f)*	fine
arrêter	to arrest
commettre	to commit
coupable	guilty
non coupable	not guilty
l'enquête *(f)*	investigation
l'interdiction *(f)* de...	ban on...
interdit	forbidden
interroger	to question/interrogate
le mobile	motive
le permis	licence
la prison	prison
prouver	to prove
la preuve	proof
la règle	rule
le témoin	witness

6.1 La loi et l'automobiliste — The law and the Driver

la limitation de vitesse	speed limit
l'infraction *(f)* au code de la route	infringement of the highway code
l'alcoolémie routière	driving under the influence of drink
le taux d'alcoolémie	level of alcohol in the blood
dresser une contravention à qqn. dresser un procès verbal à l'encontre de qqn. }	to 'book' s.o.
retirer des points à un permis	to endorse a licence
retirer un permis	to confiscate a licence
le retrait	confiscation
sanctionner une contravention	**to punish an infringement of the law**
être passible d'une amende	**to be liable for a fine**

6.2 La loi et les jeunes — The law and young people

la délinquance juvénile	juvenile delinquency
être sur la mauvaise pente	to be going downhill, off the rails
le sentiment de frustration	feeling of frustration
le désœuvrement	having nothing to do
la bande de voyous	gang of yobs
basculer dans la délinquance	**to slip into delinquency**

avoir des démêlés avec la justice	to be in trouble with the law
l'incivilité *(f)* visible	anti-social behaviour in public
se déployer dans l'espace collectif	to spread into public areas
perturber la vie collective	to disrupt communal life
un acte gratuit de vandalisme	pointless act of vandalism
de dégradation	action which causes damage
endommager	to damage
les tags	tags (graffiti)
enrayer la délinquance	to put a stop to delinquency

6.3 L'ordre public   Law and Order

le droit de réunion	the right to hold a meeting
troubler la paix	to cause a breach of the peace
la manifestation	demonstration
l'émeute *(f)*	riot
la bagarre	brawl, fight
passer à tabac	to beat up
les incivilités *(f)*	anti-social acts
l'escalade *(f)* de la violence	**increase in violence**
basculer dans le désordre	**to slide into chaos**
l'insécurité *(f)*	climate of fear
de violents affrontements	violent clashes
la dégradation de biens	damage to property
le maintien de l'ordre public	maintenance of law and order
sécuriser les lieux publics	to make public areas safe
restaurer la confiance	to restore confidence
le durcissement des peines	making sentences harsher
prendre des mesures de répression	to take repressive action
des mesures draconiennes	severe action
la grande lance à eau	**water cannon**
les grenades *(f)* lacrymogènes	**tear-gas grenades**

6.4 Les criminels   Criminals

le truand	
le malfaiteur	crook
le malfrat	
l'escroc	
le voleur	thief
le cambrioleur	house-breaker
le cambrioleur de banque	bank robber
le complice	accomplice
le meurtrier	murderer
le narcotrafiquant	drug trafficker
le ravisseur	kidnapper
le violeur	rapist
le récidiviste	second-time/habitual offender

6.5 Les crimes

Crimes

commettre un crime un délit un forfait }	to commit a crime
le taux de criminalité	crime rate
enfreindre une loi	to break a law
une infraction à la loi	law-breaking
la recrudescence de la criminalité	**increase in crime rate**
le casier judiciaire (vierge)	**(clean) police record**
récidiver	**to commit the same crime again**
les petits larcins	petty crimes
les violences *(fpl)* conjugales	domestic violence
le meurtre	murder
les coups et blessures volontaires	**grievous bodily harm**
la tentative de meurtre	**attempted murder**
l'homicide *(m)* involontaire	**manslaughter**
le crime passionnel	**crime of passion**
agir sous l'emprise de l'alcool	**to act under the influence of alcohol**
en légitime défense	**in self-defence**
le rapt l'enlèvement *(m)* }	abduction, kidnapping
exiger une rançon	to demand a ransom
le viol	rape
violer	to rape
l'incendie *(m)* volontaire	arson
la corruption	corruption, bribery
la criminalité informatique	computer fraud
le chantage	blackmail
faire chanter	to blackmail
passer en fraude	to smuggle
escroquer	to swindle
l'escroquerie *(f)* à la carte bancaire	illegal use of bank card
l'usage frauduleux de cartes de crédit	fraudulent use of credit cards
émettre un chèque sans provisions	**to write a dud cheque**
détourner des fonds	**to embezzle funds**
le blanchiment d'argent	**money laundering**

6.6 Le vol

Theft

le vol à l'étalage	shoplifting
avec effraction	breaking-in and burglary
aggravé	robbery with violence
à main armée	armed robbery
à la tire	pick-pocketing
à la roulotte	theft from parked vehicles
dévaliser qqn.	to rob s.o.
agresser	to mug
l'agression *(f)*	mugging
le cambriolage	burglary
receler un objet volé	**to receive stolen goods**

6.7 La police

The police

les forces *(f)* de l'ordre	forces of law and order
appliquer/faire respecter la loi	to enforce the law
la police municipale	urban police force
la gendarmerie nationale	paramilitary police
les CRS (compagnies républicaines de sécurité)	riot police
la police de l'air et des frontières	frontier police
la police judiciaire	detective force
le gardien de la paix	(ordinary) policeman
le motard	motorcycle policeman
le détective en civil	plain clothes detective
la voiture de police banalisée	**unmarked police car**
le fourgon cellulaire	**armoured police van**
le contrôle de routine	routine check
la bavure policière	**police bungle**
les brutalités *(fpl)* policières	acts of police brutality
sévir dans le domaine de...	**to crack down on...**

6.8 L'enquête policière

Police investigation

l'indicateur *(m)*	**informant**
graisser la patte à qqn. (*argot*)	**to bribe s.o. (slang)**
dénoncer qqn.	to inform on s.o.
délivrer un mandat de perquisition	**to issue a search warrant**
perquisitionner	**to conduct a search**
faire une rafle	**to raid**
passer au peigne fin	**to go through with a fine tooth-comb**

les empreintes digitales *(f)*	fingerprints
l'indice *(m)*	clue
le portrait-robot	photofit, identikit picture
élucider une affaire	to solve a case
un crime non élucidé	an unsolved crime
le taux de non-élucidation des crimes	level of unsolved crime
passer entre les mailles du filet	to slip through the net
être sur la piste de qqn.	to be on s.o.'s tracks
être aux trousses de qqn.	to be hard on s.o.'s heels
dépister les coupables	to track down those responsible
mettre la main sur le coupable	to catch the guilty party
lancer un mandat d'arrêt	to issue a warrant for arrest
prendre en flagrant délit ⎫	
sur le fait ⎬	to catch red-handed
la main dans le sac ⎭	
passer les menottes à qqn.	to handcuff s.o.
mettre en état d'arrestation	to place under arrest
interpeller ⎫	
placer en garde à vue ⎭	to take in for questioning
la détention provisoire	remand
la mise en liberté provisoire sous caution	release on bail

6.9 Le droit civil et le droit pénal   Civil law and criminal law

le Palais de Justice	Law Courts
les lois *(f)* en vigueur	existing laws
l'arrêté municipal	bye-law
déroger aux règles	to break the rules
sous peine d'amende	failure to comply will result in a fine
être en situation irrégulière	to be breaking the law
déposer une plainte contre... ⎫	
porter plainte contre... ⎭	to lodge a complaint against...
intenter un procès à...	to institute proceedings against...
engager des poursuites judiciaires	to take legal proceedings
être poursuivi(e)	to be taken to court
l'avocat de la partie civile	prosecuting counsel
de la défense	defending counsel
la jurisprudence	case law
être dans son droit	to be within one's rights
être dans son tort	to be in the wrong

6.10 Le tribunal — The court

le tribunal d'instance	magistrate's court
le tribunal correctionnel	criminal court
la cour d'assises	high court
le parquet	public prosecutor's office
le juge	judge
le jury	jury
le président du jury	jury foreman
le juré	juror
le banc des jurés	jury box
des prévenus	dock
le juge d'instruction	examining magistrate
l'avocat(e)	lawyer, barrister
le procureur	public prosecutor
le défenseur	counsel for the defendant

6.11 Le procès — The trial

passer devant les assises / **comparaître devant le tribunal**	to appear in court
être inculpé(e) de...	to be charged with...
l'inculpation (f)	charge
plaider (non) coupable	to plead (not) guilty
le plaidoyer/la plaidoirie	speech for the defence
le réquisitoire	indictment
faire subir un interrogatoire à qqn.	to interrogate, cross-examine s.o.
appeler un témoin	to call a witness
le banc des témoins	witness box
le témoin oculaire	eye-witness
à charge	prosecution witness
à décharge	defence witness
le témoignage	evidence spoken in court
attester	to give evidence
la déposition	statement
déposer en faveur de l'accusé(e)	to give evidence for the defence
la pièce à conviction	object held by prosecution as evidence
le parjure	perjury
passer aux aveux	to make a confession
prononcer le verdict	to give the verdict
se prononcer pour la culpabilité	to find guilty
avec circonstances atténuantes	with attenuating circumstances
déclarer qqn. non coupable	to find s.o. not guilty
acquitter	to acquit
le non-lieu	case withdrawn
prendre une ordonnance de non-lieu	to acquit because of insufficient evidence

6.12 La condamnation — The sentence

infliger une peine	to sentence
être condamné(e) à six mois de prison	to be given six months
la rigueur	severity
l'indulgence *(f)*	leniency
le régime carcéral	prison system
le parc pénitentiaire	number of prison places available
les conditions de détention	prison conditions
la surpopulation carcérale	prison overcrowding
la suroccupation des cellules	overcrowding of cells
le taux d'encadrement reste faible	the ratio of warders to prisoners is still too low
écrouer	to imprison
le/la détenu(e)	prisoner
purger une peine de prison (à vie)	to serve a (life) sentence
la peine de mort	death penalty
la réclusion perpétuelle	life imprisonment
les travaux forcés	hard labour
six mois de prison avec sursis	six months' suspended sentence
le travail d'intérêt public	community service
l'étiquetage *(m)* électronique	electronic tagging

6.13 La cour d'appel — Court of appeal

faire appel	to appeal
la cour de cassation	high court of appeal
déposer un pourvoi en cassation	to lodge a final appeal
grâcier un(e) condamné(e)	to reprieve a condemned prisoner
une erreur judiciaire	miscarriage of justice
non coupable	not guilty
libérer/relâcher	to set free
l'indemnité *(f)*	compensation

http://www.interieur.gouv.fr/rubriques/a/a1_toute_l_actu
http://www.Droit.Pratique.fr

7 Les rapports humains

les proches	close relatives
les liens familiaux/de parenté	family ties
l'état civil	marital status
le ménage	couple, household
le mari ⎫ l'époux ⎭	husband
la femme ⎫ l'épouse ⎭	wife
le/la célibataire	unmarried person
le divorce	divorce
éprouver ⎫ ressentir ⎭	to feel (an emotion)
les grandes personnes	grown-ups

7.1 Le mariage — Marriage

se fiancer	to get engaged
les fiançailles *(f)*	engagement
le mariage civil	civil wedding
religieux	church wedding
épouser qqn. ⎫ se marier avec qqn. ⎭	to marry s.o.
le jour des noces	wedding day
convoler en justes noces	**to tie the knot**
le/la jeune marié(e)	groom, bride (after wedding)
le témoin du marié	**best man**
la demoiselle d'honneur	**bridesmaid**
le planning familial	family planning
fonder un foyer	to start a family
être enceinte	to be pregnant
accoucher	to give birth
un enfant en bas âge	young child

7.2 Autres situations familiales | Other family circumstances

l'union (f) libre	living together (without getting married)
vivre en couple	to live together
l'ami(e)	partner/boyfriend/girlfriend
le pacte civil de solidarité (PACS)	legal contract providing recognition to cohabiting couples
le/la partenaire	partner in a 'PACS' couple
naître hors mariage	to be born of unmarried parents
l'éclatement (m) de la famille	collapse of family structure
la dissociation des liens familiaux	disintegration of family ties
la trajectoire familiale compliquée	difficult family history
l'abandon du conjoint	desertion
le droit de visite	visiting rights
le droit de garde	custody
la garde alternée	shared custody of children
divorcer d'avec	to divorce
le père/la mère célibataire	single parent
le foyer monoparental	one-parent family
faire garder un enfant	to employ a child-minder
l'orphelin(e) (m,f)	orphan
les parents adoptifs	foster parents
être en tutelle	to have a guardian
le veuf	widower
la veuve	widow

7.3 L'âge ingrat | The awkward age

des parents indulgents	lenient parents
complaisants	indulgent parents
traiter sur un pied d'égalité	to treat on equal terms
un(e) enfant gâté(e) (m f)	spoiled child
le manque de repères	lack of guidelines
supporter difficilement	to find it hard to cope with
le carcan du règlement	straitjacket of rules
en avoir ras-le-bol	to be fed up
être mal dans sa peau	to feel at odds with oneself
mettre en question	to call into question
s'opposer à	to oppose
la contestation	challenge
le manque de respect	lack of respect
l'affrontement (m) des points de vue	confrontation of points of view

rejeter l'autorité parentale	to reject parental authority
reprocher aux adultes d'être...	to reproach adults for being...
...conformistes	...conformist
...routiniers	...in a rut
...étroits d'esprit	...narrow-minded
mettre les parents au banc d'essai	to put parents on trial
enfreindre les interdits	to do what is forbidden
trouver une façon de s'éclater	to find a way of letting one's hair down
faire sauter les contrôles	to break all the rules
n'en faire qu'à sa tête	to do as one likes
prendre une attitude provocatrice	to behave provocatively
mépriser les institutions	to scorn institutions
refuser de s'embourgeoiser	to refuse to become middle-class
donner du fil à retordre à ses parents	to make trouble for one's parents
l'amertume (f)	bitterness
un état de déprime } d'abattement	state of depression
le désarroi	feeling of confusion
être au fond de l'abîme	to be at rock bottom
faire une fugue	to run away from home
revenir au bercail	to return to the fold
prendre conscience de la limite entre le permis et l'interdit	to become aware of the borderline between what is and is not allowed
se sentir en sécurité	to feel secure

7.4 La vie sociale   Social life

(se) présenter	to introduce (o.s.)
faire la connaissance de qqn.	to meet s.o. for the first time
la prise de contact	first meeting
donner ses coordonnées	to give one's contact details
prendre/se donner rendez-vous	to make a date
les relations (f) (mondaines)	(social) contacts
avoir affaire à...	to have dealings with...
s'entretenir avec...	to have a conversation with...
l'entretien (m)	conversation
fréquenter	to have regular contact with...

7.5 Les mœurs (f)   Social customs

le savoir-faire social	knowing how to behave
la politesse	politeness
le manque de courtoisie	
l'incivilité (f)	discourtesy
l'impolitesse (f)	
observer la bienséance	to observe the norms of behaviour
les convenances (f)	rules of polite society
être de rigueur	to be the 'done thing'
la courtoisie	courtesy
accueillant(e)	welcoming
sophistiqué(e)	sophisticated
grossier(-ière)	vulgar
sauvage	anti-social
fruste	uncultivated
rustre	boorish
être mal embouché(e)	to use bad language
ignoble	base
la franchise	frankness, honesty
l'hypocrisie (f)	hypocrisy
factice	artificial
se moquer de qqn.	to make fun of s.o.
rire au nez de qqn.	to laugh in s.o.'s face
parler dans le dos de qqn.	to talk behind s.o.'s back
agir de bonne foi	to act in good faith
faire plaisir à	to please
embêter	to annoy
flatter	to flatter
féliciter	to congratulate
injurier	to insult
entourer qqn. de soins	
prodiguer des soins à qqn.	to make a fuss of s.o.
ménager qqn.	
être plein(e) de prévoyance pour qqn.	to go out of one's way to please s.o.

7.6 Qu'en dira-t-on?   What will people say?

les potins (m)	local gossip
le préjugé	prejudice
porter un jugement moral	to make a moral judgement
s'indigner	to be indignant
inadmissible	unacceptable
honteux(-euse)	shameful

inconcevable	inconceivable
incroyable ⎫	
inimaginable ⎭	unbelievable
affreux(-euse)	terrible
effroyable	frightful
épouvantable	horrifying
atroce	appalling
abominable	abominable
on crie au scandale	**people say it's a scandal**
se scandaliser	**to feel shocked**
démentiel(le)	**crazy**
aberrant(e)	**ludicrous**
monstrueux(-euse)	**monstrous**
prendre qqn. pour un abruti	to regard s.o. as a half-wit
imbécile	an imbecile
crétin	a moron
débile mental	gormless
ne pas tarir d'éloges au sujet de qqn.	**to praise s.o. to the skies**

7.7 La vie affective   Emotional life

s'entendre avec	to get on well with
se lier d'amitié avec ⎫	
nouer une amitié avec ⎬	to make friends with
prendre qqn. en amitié ⎭	
le/la confident(e)	person you confide in
une âme sœur	**soul-mate**
s'en remettre à	**to put your trust in**
apporter du réconfort	**to give comfort**
soutien moral	moral support
affectionner	**to feel affection for**
s'éprendre de ⎫	
s'amouracher de ⎬	**to fall for**
s'enticher de ⎭	
s'engouer de	**to become infatuated with**
le coup de foudre	**love at first sight**
parler à cœur ouvert	**to reveal one's feelings**
l'amourette (f)	**flirtation**
être (follement) amoureux(-euse) de qqn.	to be (madly) in love with s.o.
entretenir une relation suivie	**to have a long-term relationship**
céder/se plier à la volonté de qqn.	**to bow to s.o.'s will**
être complaisant(e)	**to be indulgent**
avoir qqn. bien en main/dans sa manche	**to have s.o. round one's little finger**

être sous la domination de qqn. sous la férule de qqn. }	to be under someone's thumb
la mainmise sur autrui	control over others
se laisser mener par le bout du nez	to be led by the nose
les relations connaissent des hauts et des bas	relationships have ups and downs
l'incompatibilité *(f)*	incompatibility
la désunion	**marital disharmony**
le refroidissement	**cooling of relations**
la tiédeur	**lukewarm attitude**
la froideur	cold attitude
maltraiter	to ill-treat
la maltraitance	ill-treatment
tromper	to deceive, be unfaithful to
laisser tomber/lâcher qqn.	to drop s.o.
délaisser	**to abandon**
rompre avec	to break off a relationship with
se séparer de	to separate from

7.8 Le caractère   Character

avoir bon caractère	to have a good character
faire preuve de } démontrer	to show (a quality, attitude)
la gentillesse	kindness
l'altruisme *(m)*	**altruism, concern for others**
la bienveillance	**benevolence**
fidèle	faithful
ferme	resolute
ouvert(e)	open
sincère	sincere
franc/franche	frank
la franchise	frankness
modeste	modest
timide	shy
garder son sang-froid	**to keep calm**
une patience sans bornes	**limitless patience**
candide	**naive**
avoir mauvais caractère	to have a bad character
agir par intérêt personnel	**to act out of self-interest**
l'égoïsme *(m)*	selfishness
difficile à vivre	difficult to live with
malicieux(-ieuse)	**malicious**
malveillant(e)	**malevolent**
volage	**fickle**

lâche	cowardly
orgueilleux(-euse)	arrogant
exigeant(e)	demanding
grincheux(-euse)	irritable
acariâtre	cantankerous
replié(e) sur soi-même	withdrawn
être d'un commerce difficile	to be hard to get on with

7.9 Les disputes — Arguments

le malentendu } la méprise	misunderstanding
une légère mésentente	slight misunderstanding
le conflit d'intérêts	conflict of interests
se fâcher (contre)	to get angry (with)
être fâché(e) avec	to be on bad terms with
froisser } vexer	to upset
désobliger	to offend
contrarier	to thwart
brimer	to get at
embêter	to annoy
agacer	to irritate
énerver qqn.	to get on s.o.'s nerves
harceler	to pester
provoquer	to provoke
pousser à bout	to push to the limit
humilier	to humiliate
prendre un malin plaisir à *(+ infin)*	to take a malicious delight in
faire de la peine à qqn.	to hurt s.o.'s feelings
chipoter } ergoter	to quibble
faire la sourde oreille	to turn a deaf ear
le mouvement d'humeur	show of irritation
tourner autour du pot	to beat about the bush
l'accès *(m)* de colère	fit of anger
s'en prendre à qqn.	to have a go at s.o.
chercher querelle à qqn.	to pick a fight with s.o.
attiser une querelle	to stir up a quarrel
se quereller se disputer se brouiller se chamailler }	to have a dispute
ne pas mâcher ses mots parler sans ménagement }	not to mince one's words

ne pas transiger	to be uncompromising
injurier	to insult
un accrochage	confrontation
piquer au vif	to cut to the quick
en venir aux mains	to come to blows
le mépris ⎫ **le dédain** ⎭	scorn
le ressentiment ⎫ **la rancœur** ⎬ **la rancune** ⎭	resentment
garder rancune à qqn. ⎫ **en vouloir à qqn.** ⎭	to hold a grudge against s.o.
l'hostilité *(f)*	hostility
la haine	hatred
l'antipathie *(f)*	strong dislike
l'aversion *(f)*	aversion
la répulsion	repulsion
l'inimitié *(f)*	loathing
insurmontable	uncontrollable
le règlement de comptes	settling of scores

7.10 Le rapprochement ⎯⎯ Reconciliation

avoir mauvaise conscience	to be conscience-stricken
amadouer qqn.	to soften s.o. up
se placer dans l'optique de qqn.	to put o.s. in s.o. else's place
le terrain d'entente	area of agreement
céder	to give in
accéder à une demande	to comply with a demand, request
s'accorder pour (+ *infin*) ⎫ **accepter de** ⎭	to agree to
l'accord *(m)*	agreement
l'écart se comble	the gap is narrowing
régler un différend	to settle a disagreement
s'accommoder de tout	to agree to everything
se réconcilier avec	to be reconciled with
resserrer un lien	to restore a link
renouer avec	to re-establish relations with
rentrer dans les bonnes grâces de	to get back in favour with

http://www.pratique.fr/vieprat/fam/
http://perso.wanadoo.fr/yty/fam0.htm

8 L'éducation

être scolarisé(e)	to attend school
l'école maternelle	infant school
l'école primaire	primary school
aller au collège	to go to secondary school
la rentrée des classes	start of school year
le cours	lesson
enseigner	to teach
apprendre	to learn
apprendre qqch. à qqn.	to teach someone something
l'étude (f)	study period
la matière	subject
faire des progrès	to make progress
l'examen (m)	examination
passer le brevet (BEPC)	to take GCSE
le résultat	result
redoubler la troisième	to repeat year 10

8.1 L'administration   Administration

l'école laïque	non-denominational state school
l'académie (f)	area education authority
la mixité	coeducation
la non-mixité	single-sex education
le rectorat	**area education office**
le recteur	**Chief Education Officer**
le proviseur	head/principal of a lycée
le directeur/la directrice	head teacher
le censeur } l'intendant (m) }	assistant head
l'économe (m,f)	**bursar**
le/la surveillant(e) général(e)	teacher in charge of discipline
le/la surveillant(e)/le pion	supervisor (e.g. of study period, playground)
les effectifs scolarisés	**number of pupils (national total)**

8.2 L'enseignement   Teaching

le corps enseignant	teaching profession
le personnel enseignant	the teaching staff
l'instituteur(-trice)	primary school teacher
le taux d'encadrement en personnel enseignant	teacher-pupil ratio
la qualité de l'enseignement	quality of teaching
la correction des copies	marking
un professeur se fait chahuter	a teacher gets played up
respecter	earns respect
il/elle:	he/she:
fait aimer sa matière	gets people to enjoy the subject
fait détester sa matière	makes people hate the subject
encourage le dialogue	encourages discussion
est sympathique	is likeable
est antipathique	is not likeable
est ouvert(e)	is approachable
connaît sa discipline	knows his/her subject
transmet clairement ses connaissances	gets his/her knowledge across
une ambiance (peu) disciplinée	a/an (un)disciplined atmosphere
décontractée	a relaxed atmosphere
un encadrement insuffisant	**inadequate supervision**
le chahut	**disorderly noise**
la pagaille	**chaos**

8.3 Le lycée   Years 11–13

quitter le collège à la fin de la 3^e	to leave school after GCSE
la fin de la scolarité obligatoire	the end of compulsory schooling
changer d'école	to change schools
passer en seconde	to go up into year 11
le conseil de classe	advisory committee of teachers
l'orientation (f) pédagogique	**educational guidance**
émettre des vœux d'orientation	**to express a preference for certain subjects**
éviter les filières poubelle ⎫	**to avoid combinations of subjects**
les voies de garage ⎭	**regarded as a dead-end**
choisir une option ⎫	to choose a suitable group of
section ⎬	subjects
filière qui convient ⎭	

arrêter une décision d'orientation	to reach a decision about which subjects to study
être fort(e) en langues vivantes	to be good at languages
être faible en sciences	to be weak in science
être nul(le) en géographie	to be useless at geography
être doué(e) pour les maths	to have a gift for maths
être apte à poursuivre des études plus poussées	to have the ability to take on more advanced work

8.4 L'apprentissage *(m)* — The learning process

un sujet qui vous accroche	a subject which engages your interest
le manuel	text book
se reporter au manuel	**to refer to the text book**
éclaircir	to explain, clarify
saisir l'idée	to grasp the idea
retenir	to memorise
une prise de notes efficace	efficient note-taking
intervenir en classe	to participate in class
le brouillon	rough copy
la rédaction	essay
rédiger une dissertation	to write up a long essay
acquérir les connaissances de base	to acquire basic knowledge
les disciplines de base	basic skills
acquérir une connaissance approfondie	to acquire thorough knowledge
relever des fautes	to spot mistakes
combler des lacunes	**to fill gaps**
se creuser la cervelle	**to rack one's brains**
savoir sur le bout des doigts	**to have at one's fingertips**
élargir ses connaissances	to broaden one's knowledge
se tenir informé(e)	to keep oneself informed
le travail en équipe	team-work
un mélange de théorie et de pratique	a mixture of theory and practice

8.5 Le parcours du combattant
The obstacle course

un climat de compétition	a competitive atmosphere
un travail (plus) exigeant	(more) demanding work
tirer le meilleur de soi-même	to get the best out of oneself
se consacrer à son travail	to commit oneself to work
s'astreindre à un travail régulier	to get down to a steady rhythm of work
l'assiduité *(f)*	consistency of effort
travailler avec acharnement ⎫ d'arrache-pied ⎭	to work like mad
être un bourreau de travail	to be a workaholic
un travail de longue haleine	work requiring a long-term effort
mettre les bouchées doubles	to redouble one's efforts
rester en tête du peloton	to stay in the lead
se distinguer de la masse	to be head and shoulders above the others
être à la hauteur des attentes parentales	to live up to parental expectations
être fainéant(e)	to be idle
bâcler/saboter son travail	to dash off one's work
un travail insuffisant	inadequate work
se faire coller	to be kept in detention (slang)
la retenue	detention
se décourager	to get depressed
sécher des cours	to cut lessons
le cancre	dunce
le cours de rattrapage	remedial lesson

8.6 Le bachotage
Cramming for A Level

le contenu du programme	syllabus content
adapté(e) aux besoins actuels	adapted to current needs
le décalage entre théorie et pratique	gap between theory and practice
le bourrage de crâne	cramming
la surcharge de travail	excessive workload
être surchargé(e)/débordé(e) de travail	to be overworked
une journée surchargée	very hectic day
un programme surchargé	overloaded syllabus
une classe surchargée	overcrowded class
le surmenage scolaire	overwork at school
alléger	to alleviate, lighten
aménager les horaires	to adapt the timetable
réduire l'effectif des classes	to reduce class sizes

8.7 Les contrôles — Assessment

évaluer	to assess
le bulletin trimestriel	termly report
le relevé des notes	statement of marks
le contrôle continu	continuous assessment
faire le bilan des notes	to weigh up the marks
le dossier scolaire	school record
l'examen blanc	mock exam
passer le bac	to take A Levels
plancher	to be examined
avoir un trou de mémoire	**to have a lapse of memory**
être collé(e) à l'oral	**to fail the oral**
le résultat	result
être reçu(e)	to pass
avoir son bac	to pass one's A Levels
rater son bac	to fail one's A Levels
échouer	to fail
l'échec *(m)*	failure (abstract)
le/la raté(e)	failure (person)
le jury	team of examiners
une mention bien	**a good grade**
une mention passable	**a pass grade**
le taux de réussite	**percentage of passes**
le taux d'échec élevé	**high failure rate**
le nivellement par le bas	**levelling down of standards**
atteindre le niveau de qualification nécessaire	**to reach the required standard**
être au palmarès	**to be among the prizewinners**
décerner un prix	**to award a prize**
la distribution des prix	**prize-giving**

8.8 L'après-bac | After A Levels

envisager	to envisage
l'allongement *(m)* de la scolarité	increase in length of time spent in full-time education
le/la bachelier (-ière)	s.o. who has passed A Level
poursuivre ses études	to continue one's studies
faire des études plus poussées	to do more advanced work
la course effrénée aux diplômes	frantic race for qualifications
les classes préparatoires	classes for those applying to a 'grande école'
la grande école	selective and specialised university
passer un concours	to take a competitive exam
s'inscrire à la faculté	to sign on for a university course
l'école normale	training college
des études de lettres	Arts course
le cours magistral } la conférence }	lecture
la licence	Bachelor's degree
la maîtrise	Master's degree
le CAPES (Certificat d'Aptitude Pour Enseignement Secondaire)	teaching diploma
l'agrégation *(f)*	postgraduate competitive examination
l'énarque *(m f)*	student or former student of the Ecole Normale d'Administration
faire de la recherche	to do research
la thèse de doctorat	doctoral thesis
le sésame de l'insertion professionnelle	the key to success in the job market

---

http://www.etudier.com/dossiers_infos.asp
http://www.pratique.fr/educ/
http://www.edutel.fr/

9 Le travail

le métier	occupation
faire des projets d'avenir	to make plans for the future
être motivé(e)	to be motivated
le diplôme	qualification
l'expérience *(f)*	experience
le stage	course
la formation	training
l'ambition *(f)*	ambition
ambitieux/ambitieuse	ambitious
chercher un emploi	to look for a job
faire une demande	to apply
être nommé(e)	to be appointed
signer un contrat	to sign a contract
gérer une entreprise	to run a business

9.1 Les projets d'avenir — Plans for the future

l'orientation professionnelle	career guidance
se destiner à une carrière dans...	to be aiming for a career in...
se fixer un objectif	to set oneself a goal
un emploi stable	a secure job
la sécurité de l'emploi	job security
se prémunir de	to equip oneself with
un diplôme monnayable	a marketable qualification
être peu diplômé	to have few qualifications
non diplômé	no qualifications
faiblement qualifié(e)	poorly qualified
le niveau de formation	level of training
la spécialité de formation	particular area of training
plus on est diplômé, moins on risque d'être au chômage	the better qualified you are, the less likely you are to be out of work

9.2 La formation professionnelle — Job training

le/la débutant(e)	beginner
l'apprentissage (m)	apprenticeship, learning process
effectuer un stage	to do a course
le/la stagiaire	course participant
la formation continue	on-going training
la formation en alternance	job training alternating with education
l'apprentissage (m) sur le terrain	apprenticeship in the workplace
être formé(e) sur le tas	to learn the job while doing it
s'initier aux pratiques du métier	to get basic experience of a job
acquérir une compétence	to acquire competence
affronter les mutations (f) technologiques	**to cope with technological changes**
connaître les ficelles (f) du métier	to know the ins and outs of the job

9.3 Le marché du travail — The job market

la population active	the working population
l'insertion professionnelle	getting into the job market
offrir d'intéressants débouchés	to offer interesting job prospects
travailler à son compte	to work for oneself
un secteur porteur d'avenir	an area with good prospects
la fonction publique	civil service
le/la fonctionnaire	civil servant
le secteur tertiaire	service industries
le col blanc	white-collar worker
le col bleu	blue-collar worker
éviter les secteurs en déclin	to avoid areas with poor prospects
un emploi précaire	an insecure job
une pénurie de main d'œuvre personnel qualifié	**a shortage of labour qualified staff**
un manque aigu d'hommes de terrain	**an acute shortage of experienced people**
la surqualification par rapport aux métiers réellement exercés	**over-qualification in relation to the work actually done**
engendrer des chômeurs diplômés	to create unemployed graduates
la raréfaction de l'emploi	scarcity of jobs

9.4 Poser sa candidature

Making an application

l'ANPE (L'Agence nationale pour l'emploi)	National Employment Agency
s'inscrire comme demandeur d'emploi	to sign on as unemployed and looking for work
les offres (f) d'emploi	advertisements for jobs
le recrutement	recruitment
s'insérer sur un créneau dégagé	to find and fill a gap in the job market
miser sur ses atouts	to play on one's good points
faire des démarches auprès de...	to make approaches to...
posséder les qualifications requises	to possess the required qualifications
avoir un niveau de formation (in)suffisant	to have an (in)adequate level of training
fournir des références	to provide references
être expérimenté(e)	to be experienced
manquer d'expérience	to lack experience
être à la hauteur	to be equal to the task
se faire embaucher	to be taken on
trouver une situation	to find a job
un contrat à durée déterminée	temporary contract
indéterminée	permanent contract
une embauche définitive	permanent job
une offre séduisante	very attractive offer
un décalage entre le niveau de qualifications requis et le salaire proposé	discrepancy between the level of qualifications required and the salary offered

9.5 La foire d'empoigne

The rat race

l'entrée (f) en activité	starting one's first job
avoir le pied à l'étrier	to be on the way up
valoir son pesant d'or	to be worth one's weight in gold
le salaire au mérite	performance-related pay
avoir le vent en poupe	to be going up in the world
se faire pistonner	to get s.o. to pull strings for you
réussir par ses propres moyens	to succeed by one's own efforts
obtenir un emploi par relations	to get a job through contacts
arriver par le piston	to succeed thanks to influence
gravir les échelons	to climb up the ladder
sauter sur l'occasion qui se présente	to leap at the opportunity
être promu(e)	to be promoted
délocaliser	to relocate
accéder au statut de cadre	to reach the position of executive
l'ancienneté (f)	seniority
demander une mutation	to request a transfer

9.6 Les affaires — Business

le cadre moyen	middle manager
le cadre supérieur	top manager
la gestion	management (abstract)
la direction	management (people)
le président-directeur général/ PDG	managing director
le siège social	**head office**
la succursale	**branch**
la délocalisation	**relocation**

9.7 L'industrie — Industry

le bâtiment	building trade
l'industrie *(f)* pétrolière	oil industry
automobile	car industry
alimentaire	food industry
textile	textile industry
métallurgique	steel industry
manufacturière	manufacturing industry
la chaîne de montage	production line
un travail abêtissant / abrutissant	**stupefyingly tedious job**
le travail par roulement	**shift work**
le chef d'équipe / le contremaître	**foreman**
l'ouvrier spécialisé	skilled worker
le manœuvre	unskilled worker
le métier manuel	craft

9.8 Les horaires — Working hours

l'intérimaire	temporary replacement
le travail saisonnier	seasonal work
intérimaire	temporary work, 'filling in' for s.o.
au noir	moonlighting
travailler à temps plein	to work full-time
à temps partiel	part-time
à mi-temps	half-time
des heures supplémentaires	overtime
prendre la relève	to take over (a shift) from someone
assurer la permanence	**to be on duty/call**
travailler en dehors des heures normales	to work unsocial hours

le poste de nuit	night shift
la réduction de la durée du travail	shortening of the working week
l'aménagement *(m)* des horaires	introduction of flexible hours
la pause-déjeuner	lunch break
le taux d'absentéisme *(m)*	rate of absenteeism
l'assiduité *(f)*	regular attendance
le jour férié	public holiday
faire le pont	to take an extra day off between a public holiday and a weekend
le jour de congé	day off
le congé payé	paid holiday
le congé formation	time off for training
partir en congé de maternité	to go on maternity leave
paternité	paternity leave
maladie	sick leave

9.9 Les grèves   Strikes

la contestation	protest
la revendication	demand, complaint
la revendication salariale	pay claim
(peu) légitime	(not) legitimate
déclencher	to set in motion
le mouvement social	industrial action
l'arrêt *(m)* de travail	walk-out
lancer un appel de grève	to call a strike
déposer un préavis de grève	to give notice of strike action
le/la gréviste	striker
se porter gréviste	to join a strike
le piquet de grève	picket
la ligne de piquetage	picket line
étendre le mouvement à d'autres secteurs	to spread the movement to other areas of industry
mener un conflit au coude à coude	to stand shoulder to shoulder in a dispute
une diminution du temps de travail	reduction in working hours
une cinquième semaine de congé payé	fifth week of paid holiday
les inégalités salariales se creusent	inequality of salaries is increasing
le partage des gains de productivité	sharing benefits of increased productivity
le syndicat	union
adhérer à	to join

la cotisation syndicale	union dues, subscription
le/la syndicaliste	union member
le/la responsable syndical(e)	union official
le/la délégué(e) syndical(e)	union representative
la puissance revendicative des syndicats	bargaining power of the unions
l'affaiblissement *(m)* de l'esprit syndicaliste	decline in union support
le poids syndical s'est allégé	union influence has decreased

9.10 Le chômage en hausse   Rising unemployment

l'ampleur *(f)* du chômage des jeunes	extent of unemployment among the young
une période peu propice à l'emploi	an unfavourable period for employment
les circonstances tendent à dissuader l'embauche	the circumstances put people off recruiting staff
les circonstances poussent à des licenciements	the circumstances are forcing redundancies
la robotisation *(f)*	replacement of workers by robots
l'automatisation *(f)*	automisation
débaucher	to get rid of staff
supprimer des emplois	to get rid of jobs
la suppression de mille emplois	the loss of 1000 jobs
l'allègement *(m)* des effectifs	reduction in staff
les sureffectifs *(m)*	unnecessary staff
les mutations industrielles	industrial change
un personnel (non) préparé aux mutations technologiques	a staff (un)prepared for technological change
être en mal d'adaptation	to have problems with adapting
le préavis de licenciement	redundancy notice
mettre en chômage technique	to lay off
être en chômage technique	to be laid off
le limogeage	dismissal
licencier renvoyer congédier virer }	to sack
mettre qqn. en préretraite	to force s.o. into early retirement
le chômage a franchi le cap de...	unemployment has passed the ... mark
le chômage de masse	mass unemployment
le chômage se maintient à des taux records	unemployment remains at record levels
un pays embourbé dans le chômage	country bogged down in unemployment

9.11 Au chômage

Out of work

le/la chômeur(-euse)
le désœuvrement
se tourner les pouces
l'allocation (f) de chômage
toucher l'aide publique
les inactifs allocataires

le chômage de longue durée
**être en situation d'exclusion
durable**
le coût humain
**avoir l'impression d'être mis(e) au
rebut**
les laissés-pour-compte

unemployed person
having nothing to do
to twiddle one's thumbs
unemployment benefit
to be on social security
non-working population drawing
benefit
long-term unemployment
to be long-term unemployed

the cost in human terms
to feel rejected

society's rejects

9.12 Le chômage en baisse

Unemployment going down

**prendre des mesures pour
favoriser l'emploi**
des mesures (f) ciblant les jeunes
endiguer le chômage

**le taux de chômage a marqué un
palier**
le chômage régresse
on a constaté une diminution }
un repli }
la baisse est faible
sensible
**la courbe de l'emploi se remet à
grimper**
l'embauche (f) repart
un secteur qui s'enrichit de
créneaux
**les offres d'emploi poursuivent
leur remontée**
un taux de chômage ramené à 5%
de la population active
le plein emploi

to take measures to help
increase employment
measures targeting young people
to halt the increase in
unemployment
the unemployment figures have
reached a plateau
unemployment is falling
a decrease has been registered

the decrease is slight
significant
the employment curve is starting
to rise again
people are taking on staff again
an area which is offering more and
more job vacancies
the increase in the number of
vacancies is continuing
an unemployment rate brought
down to 5% of the workforce
full employment

9.13 Le féminisme   Feminism

la féministe résolue	committed feminist
le préjugé sexiste	sexist prejudice
les injures sexistes	insulting sexist remarks
une inégalité persistante	abiding inequality
les femmes sont gravement sous-représentées	women are seriously under-represented
la disparité salariale	difference between salary levels
une filière monopolisée par les hommes	area monopolised by men
faire avancer la cause des femmes	to advance the cause of women
accomplir une percée	**to make a breakthrough**
investir les citadelles masculines	**to invade male bastions**
la non-discrimination	equality of opportunity
l'égalité *(f)* salariale	equality of earnings

9.14 La retraite   Retirement

l'âge de la retraite	retiring age
partir à la retraite/prendre sa retraite	to retire
la retraite anticipée ⎫ la préretraite ⎬	early retirement
la pension de retraite	retirement pension

http://fr.careers.yahoo.com/
http://www.pratique.fr/educ/
http://emploi.france5.fr/france5/edito/13274923-fr.php
http://anpe.fr/

10 La santé

avoir des problèmes de santé	to have health problems
l'allergie (f)	allergy
être allergique à	to be allergic to
être un peu fatigué(e)	to be under the weather
se sentir malade	to feel ill
tomber malade	to fall ill
être souffrant(e)	to be unwell
le microbe	germ
le virus	virus
les services (m) de santé	health service
l'assurance-maladie (f)	medical insurance
le chirurgien dentiste	dental surgeon
la maladie (à longue durée)	(long-term) illness
le malade/le patient	patient
les premiers soins	first aid
le médicament	medicine
le remède	cure
garder le lit	to stay in bed
se remettre	to recover
handicapé(e)	handicapped
l'épidémie (f)	epidemic
être séropositif	to be HIV positive
atteint du SIDA	to have AIDS
la grippe aviaire	bird flu

10.1 Garder la forme   Keep fit

mieux vaut prévenir que guérir	prevention is better than cure
sensibiliser le public aux questions de santé	to provide health education
être en bonne santé	to be in good health
être bien portant(e)	to be well
être en pleine forme	to be extremely well
le mode de vie	life style
prendre de l'exercice	to take exercise
bon pour la santé	good for one's health
nuisible à la santé	bad for one's health
le risque pour la santé	health hazard
entretenir sa forme	to keep fit
le club de remise en forme	health/fitness centre

10.2 La diététique

Nutritional science

les habitudes *(f)* alimentaires	eating habits
grossir	to put on weight
avoir des kilos en trop	to be overweight
être au régime	to be on a diet
le régime équilibré	balanced diet
maigrir	to lose weight
les aliments *(m)* diététiques	health food
les produits *(m)* biologiques	organic food
la protéine	protein
la cuisine minceur	food for slimmers
le produit allégé	low-fat product
la boisson (non) alcoolisée	(non) alcoholic drink
l'alimentation *(f)* quotidienne	daily intake of food
industrielle	junk food
le grignotage	**snacking**
la carence en vitamines	**lack of vitamins**
la teneur en sucre	**sugar content**
riche en graisses	**fatty**
être néfaste pour l'organisme	**to be harmful to the system**
provoquer la mort prématurée	**to cause premature death**
être en surpoids	**to be overweight**
la sous-alimentation }	undernourishment
l'insuffisance *(f)* alimentaire }	
les farineux *(m)* }	starchy foods
les féculents *(m)* }	
le désordre hépatique	**liver trouble**
avoir du diabète	**to have diabetes**

10.3 Au centre médical

At the surgery

le médecin généraliste	**general practitioner**
le médecin conventionné	**National Health doctor**
le cabinet de consultation	doctor's/dentist's surgery
la consultation	visit to the doctor
l'examen médical	medical examination
présenter les symptômes de...	**to show the symptoms of...**
se faire soigner	**to get medical attention**
le dépistage précoce	**early diagnosis**
suivre un traitement	to have treatment
l'ordonnance *(f)*	prescription
la posologie	**dosage**

le comprimé	pill
l'antibiotique *(m)*	antibiotic
les tranquillisants	tranquillisers
le somnifère	sleeping tablet
la piqûre	injection
le vaccin	vaccine

10.4 L'hôpital   Hospital

le centre hospitalier	general hospital
la clinique	private hospital
être hospitalisé(e)	to be taken to hospital
les urgences *(fpl)*	casualty department
l'offre hospitalière	**availability of hospital beds**
le SAMU (service d'aide médicale urgente)	emergency ambulance service
l'infirmier/l'infirmière	nurse
la sage-femme	midwife
le/la spécialiste	consultant
le chirurgien	surgeon
se faire opérer	to have an operation
une intervention chirurgicale	operation
la salle d'opération	operating theatre
le donneur/la donneuse	donor
la greffe	transplant
la transfusion sanguine	blood transfusion
la chirurgie esthétique	**cosmetic surgery**
cardiaque	**heart surgery**
plastique	**plastic surgery**
la transfusion sanguine	**blood transfusion**
se rétablir	to recover
le rétablissement	recovery

10.5 Les malades condamnés   The terminally ill

être atteint(e) d'un mal incurable	to have an incurable illness
le cas désespéré	patient at death's door
l'acharnement *(m)* thérapeutique	**desperate attempt to provide therapy**
les soins palliatifs	**medication to relieve pain/ palliative care**
alléger la douleur	to relieve pain
le respirateur	life-support machine
l'euthanasie *(f)* (volontaire)	(voluntary) euthanasia
mettre fin à des souffrances	to bring an end to suffering
administrer une dose mortelle	to administer a fatal dose

débrancher un(e) patient(e) en coma irréversible	to switch off the life-support machine of a patient in a terminal coma
le dilemme entre la conscience et le droit	the dilemma of conscience versus the law
le mépris de l'être humain	**contempt for the human being**
une atteinte à la dignité de l'individu	**assault on human dignity**
être contraire aux principes du droit	to be against basic legal rights
l'hôpital pour grands malades en phase terminale	hospice

10.6 La toxicomanie — Drug addiction

le stupéfiant	drug
la drogue douce	soft drug
la drogue dure	hard drug
se droguer	to take drugs
se droguer à l'héroïne	to be on heroin
la dépendance	dependency
le tabagisme	nicotine dependency
faire du genre	to show off, appear 'cool'
le goût de la transgression	desire to do something wrong
participer au monde adulte	to be a part of the adult world
les pressions du groupe	peer pressure
gagner un certain prestige	to win a kind of prestige
un environnement mal supporté	**an environment you can't stand**
un moyen d'évasion rapide	**a rapid means of escape**
se désinhiber	**to rid oneself of inhibitions**
s'évader du quotidien	to escape from the everyday
calmer l'angoisse	to calm a feeling of anguish
le narcotrafiquant	drug trafficker
l'acheminement *(m)*	**moving drugs from place to place**
le cartel	**ring**
démanteler une filière	**to bust a drug ring**
le/la vendeur(-euse)	pusher
la seringue	syringe
la banalisation	**becoming more common**
la pente peut devenir glissante	**the slope can become slippery**
s'adonner à...	**to become addicted to...**
devenir toxicomane	to become a drug addict
entraîner une dépendance	to cause dependency
planer	**to feel high**
l'escalade fatale	**inevitable increase in dependency**
l'effet *(m)* à long terme	long-term effect
redoutable sur le plan organique	**extremely bad for the body**
la surdose mortelle	fatal overdose

10.7 La désintoxication   Getting over an addiction

avoir la volonté de décrocher	to have the will to kick the habit
s'abstenir	to abstain from
se priver/se passer de...	to do without
sevrer qqn. d'une drogue	to wean s.o. off a drug
de l'alcool	alcohol
les substituts nicotiniques	nicotine substitutes
mettre un terme à la dépendance physique	to bring an end to physical dependency
le sevrage psychologique	getting over psychological dependency
le syndrome de manque	withdrawal symptoms
des douleurs diffuses	pains all over
une insomnie tenace	incurable insomnia
une angoisse épouvantable	terrible anxiety
il n'y a pas de remède miracle	there is no miracle cure
le projet de réinsertion	rehabilitation programme
la rechute	relapse, return to consumption
endiguer	to bring under control

10.8 Le taux de natalité   The birthrate

la démographie	demography, population studies
la poussée démographique	increase in population
le taux de natalité élevé	high birth rate
le pays à démographie galopante	country with a rapidly rising birth rate
l'exubérance de la natalité	lively increase in the birth rate
la famille nombreuse	large family
le contrôle des naissances	birth control
le préservatif	condom
l'interruption (f) volontaire de grossesse	voluntary termination of pregnancy
l'avortement (m)	abortion
la diminution de la mortalité infantile	reduction in infant mortality rate
la mort subite du nourrisson	sudden infant death syndrome
le taux de fécondité	fertility rate
le drame de la dénatalité	problem of decreasing birth rate
la fécondation in vitro	artificial fertilisation

10.9 Le troisième âge   Old age

la longévité moyenne	average length of life
l'accroissement de la longévité	increase in length of life
l'allongement *(m)* de l'espérance de vie	increase in life expectancy
l'aide *(f)* à domicile	home help
la maison de retraite	old people's home
l'hospice *(m)* de vieillards	old people's hospital
le foyer-logement	sheltered housing
la perte d'autonomie	loss of independence
la rupture avec son cadre de vie	break with one's own surroundings
la vacuité de la vie	emptiness of life
la lutte contre la solitude	struggle against loneliness
exiger des soins constants	to require 24-hour care
la démence sénile	senile dementia
la maladie d'Alzheimer	Alzheimer's disease

http://fr.fc.yahoo.com/s/sante_publique.html
http://www.sante.gouv.fr/
http://www.drogues.gouv.fr/fr/index.html

11   Les sciences et la technologie

le laboratoire	laboratory
le/la scientifique	scientist
le chercheur/la chercheuse	researcher
sur le plan technique	on the technical front
scientifique	on the scientific front
l'informatique *(f)*	computer studies
l'outil *(m)* de communication	means of communication
simplifier la vie	to make life easier

11.1 La recherche scientifique   Scientific research

l'amélioration *(f)* des connaissances	improvement in knowledge
le pionnier	pioneer
la mise au point	process of getting it right
l'innovation *(f)* technique	technical innovation
maîtriser une technique	to master a technique
perfectionner une technique	to perfect a technique
recourir à...	to have recourse to...
la percée technologique	**technological breakthrough**
s'attaquer à des domaines neufs	**to deal with new areas**
le dernier cri de la technologie	**the last word in technology**
le foisonnement d'innovations	**profusion of new discoveries**
prendre les devants	**to be in the lead**
brûler les étapes	**to make very rapid progress**
percer les secrets	**to uncover secrets**
bouleverser de fond en comble un domaine de la technologie	**to shake an area of technology to its foundations**
les OGM (organismes génétiquement modifiés)	genetically-modified organisms
le clonage	cloning
les manipulations *(f)* génétiques	genetic engineering

11.2 La recherche médicale   Medical research

les produits *(m)* pharmaceutiques	**pharmaceutical products**
accomplir des progrès fulgurants	**to make staggering progress**
aborder les transformations qui s'amorcent	**to tackle developments which are at an early stage**

dépister l'origine d'une maladie	to trace the origin of a disease
le dépistage prénatal	**diagnosis before birth**
la mise au point d'un vaccin	**perfecting of a vaccine**
du meilleur schéma thérapeutique	**the best treatment**
la relation bénéfice/risque	the benefit/risk equation
comporter un risque	to carry a risk
repérer les effets secondaires	to identify the side effects
le prélèvement d'organes	removal of parts of the body
l'insémination artificielle	artificial insemination
une maladie en régression	**illness which is disappearing**

11.3 La science et les animaux   Science and animals

l'expérimentation animale	experiments on animals
la vivisection	vivisection
être indispensable pour certaines recherches	to be invaluable in certain areas of research
la cruauté	cruelty
susciter de violentes polémiques	**to arouse fierce argument**
l'élevage clandestin	**illegal breeding**
le ramassage sauvage	**culling of wild/stray animals**
infliger des souffrances à...	to inflict suffering on...
la réglementation rigoureuse	strict control
servir de cobaye	to be used as a guinea-pig

11.4 L'informatique *(f)*   Computer science

l'informatisation *(f)*	computerisation
l'informaticien(ne)	computer expert
l'ingénieur en programmation	software engineer
le matériel	hardware
le pirate	pirate
le/la programmeur(-euse)	computer programmer
la programmation	programming
la puce	chip
le fournisseur d'accès	service provider
le logiciel	software
le logiciel d'application	software package
de mise en page	**desktop publishing package**
de navigation	browser
la base de données	database
le traitement de l'information	data processing
le virus	virus

le piratage informatique	hacking
la criminalité informatique	breaking into computer programmes
la conception assistée par ordinateur (CAO)	computer-aided design (CAD)
la fabrication assistée par ordinateur (FAO)	computer-aided manufacture
la publication assisté par ordinateur	desktop publishing (DTP)

11.5 L'ordinateur *(m)*   The computer

le micro-ordinateur	personal computer
l'ordinateur de bureau	desk-top computer
le PC portable	laptop (computer)
l'agenda *(m)* électronique	electronic personal organiser
le traitement de texte	word processor
le lecteur	drive
la disquette	floppy disk
le disque dur	hard disk
l'internaute	net surfer
naviguer (sur)	to browse (on)
le moteur de recherche	search engine
l'écran *(m)*	monitor
le clavier	keyboard
la souris	mouse
le curseur	cursor
le code d'accès	password
cliquer	to click
chercher le menu	to call up the menu
le tableur	spreadsheet programme
l'écran tactile	video touch screen
la touche d'entrée/de retour	enter
le tabulateur	tab key
contrôle	Ctrl
la touche bi-fonction	Alt
charger un fichier	to load a file
enregistrer	to save
effacer	to delete
mettre en forme } modifier }	to edit
mettre à jour	to update
l'imprimante *(f)* à jet d'encre	ink-jet/bubble-jet printer
laser	laser printer
le listage	printout

11.6 La télématique   Communications technology

avoir accès à	to have access to
la connexion Internet	Internet connection
en ligne	on-line
être connecté	to be on-line
les réseaux *(m)* de communication électronique	electronic communication networks
le modem-ordinateur	modem
le fax	fax
la large bande	broadband
la liaison à large bande	broadband connection
l'adresse *(f)* électronique	email address
le courrier électronique	email
par courriel	by email
le texto	text message
la messagerie électronique instantanée	messaging instant messaging
le potentiel comme outil éducatif	educational potential
l'achat *(m)* en ligne/le télé-achat	on-line shopping
un hyperlien	**hyperlink**
le spam	spam
le chat	chat room
chatter	to chat online
le téléchargement	downloading
la baladodiffusion	podcasting
numérique	digital
analogique	analogue
le piratage	pirating
le lecteur de CD-ROM	**CD-ROM reader**
le graveur de CD-ROM	**writer**
le lecteur de DVD	**DVD player**
l'appareil photo *(m)* numérique	**digital camera**

http://aolinfo.aol.fr/indexSciences.jsp
http://fr.dir.yahoo.com/sciences_et_technologies
http://www.presence-pc.com/

12 L'écologie et l'environnement

la ressource naturelle	natural resource
épuiser	to exhaust
le charbon/la houille	coal
le gaz	gas
la diversité biologique	bio-diversity
la crise de l'énergie	energy crisis
les polluants (m)	pollutants
les dégâts (mpl)	damage
le recyclage	recycling
la préservation	conservation

12.1 L'énergie · Energy

les besoins (m) énergétiques	energy needs
la consommation	consumption
surexploiter	to overexploit
les pays producteurs	producing countries
répondre aux besoins énergétiques	to meet the needs for energy supply
le gisement	deposit (oil, gas)
la plate-forme pétrolière	oil rig
le forage pétrolier	drilling for oil
le pétrolier	oil tanker
l'oléoduc (m) ⎫ le pipeline ⎭	oil pipeline
acheminer le brut jusqu'au terminal	to bring the oil to the terminal
le baril de brut	barrel of crude oil
la raffinerie de pétrole	oil refinery
le carburant	fuel
l'essence (f)	petrol
le fioul	heating oil
le gasoil	diesel fuel
la centrale nucléaire	nuclear power station
électrique	conventional power station
les énergies nouvelles	new sources of energy

12.2 La pollution   Pollution

les déchets urbains	household waste
les décharges industrielles	industrial waste
les émissions *(f)* de gaz carbonique	discharge of carbon gas
le gaz à effet de serre	greenhouse gas
le système réfrigérant	refrigeration system
les chlorofluorocarbones/CFC	**CFC gases**
la bombe aérosol	aerosol spray
l'agriculture *(f)* à grand renfort d'engrais chimiques	**agriculture which relies heavily on chemical fertilisers**
déverser des pesticides	to pour on pesticides
les déchets radioactifs	radioactive waste

12.3 Les retombées   The consequences

une menace d'ampleur	**a significant threat**
se détériorer	to deteriorate
avoir un effet dévastateur	**to have a devastating effect**
les effets *(m)* néfastes	harmful effects
la nocivité de qqch.	harmful nature of something
les dégâts *(m)* écologiques	damage to the environment
la dégradation de l'eau	deterioration of water
des sols	soil
de l'environnement	the environment
massacrer le paysage	to ruin the landscape
se déverser dans la mer	to flow into the sea
la marée noire	oil spill/slick
l'assainissement *(m)*	cleaning up
les travaux *(m)* de dépollution	cleaning-up operation
les pluies *(f)* acides	acid rain
le déboisement } le défrichement }	deforestation
la forêt amazonienne	the Amazon rain forests
le dépérissement des forêts	**dying off of forests**
puiser dans le patrimoine	**to use up our heritage**
brader le patrimoine naturel	**to sell our natural heritage down the river**
l'hécatombe *(f)*	**mass destruction**
le pouvoir d'épuration des océans	**capacity of the sea to absorb toxic pollutants**
arriver au seuil de saturation	**to reach saturation point**
dépasser le seuil	**to go beyond the point**
le seuil catastrophe	disaster level
les espèces menacées	endangered species
être en voie de disparition	to be on the way to extinction
les malformations génétiques	**genetic disorders**

12.4 Les changements climatiques

Climate change

selon les climatologues	according to climatologists
l'effet *(m)* de serre	greenhouse effect
le réchauffement de la planète	global warming
la hausse généralisée de la température	general rise in temperature
le trou dans la couche d'ozone	hole in the ozone layer
la sécheresse	drought
la canicule	**heatwave**
la nappe phréatique	**water table**
la fonte des calottes polaires	**melting of polar icecaps**
faire monter le niveau des océans	to cause a rise in the sea-level
l'ouragan *(m)*	hurricane
l'inondation *(f)*	flood
la crue subite	flash flood
le raz-de-marée	tidal wave
rayer de la carte	to wipe off the map

12.5 Les mesures à prendre

The measures required

prévoir les conséquences	to foresee the consequences
une meilleure gestion des ressources	better management of resources
la défense de l'environnement	nature conservation
limiter les dégâts	to contain the damage
sensibiliser les opinions	to make people aware of the problem
changer de mode de consommation énergétique	to change the energy supply
privilégier les énergies non-polluantes	to favour non-polluting forms of energy
au détriment des énergies fossiles	in preference to fossil fuels
l'énergie *(f)* hydroélectrique	hydro-electric power
solaire	solar power
le panneau solaire	solar panel
l'électricité marémotrice	tidal power
la ferme éolienne	wind farm
les matériaux *(m)* bio-dégradables	bio-degradable substances
recycler les détritus	to recycle rubbish

l'épuration *(f)* des eaux usées	purification of used water supplies
contrôler les rejets polluants	to control waste which causes pollution
protéger les réserves d'eau douce	to protect stocks of drinking water
la sylviculture	forestry
la politique efficace de reboisement	effective policy of replanting (trees)
préserver la biodiversité	to preserve biodiversity
la survie des espèces	survival of species

http://fr.fc.yahoo.com/e/environnement.html
http://fr.fc.yahoo.com/b/biotech.html
http://fr.fc.yahoo.com/n/nucleaire.html
http://www.greenpeace.org/france/

13 Le Tiers-Monde

le Tiers-Monde	the Third World
un pays en voie de développement	developing country
un pays sous-développé	under-developed country
la misère	poverty
la souffrance	suffering
mourir de faim	to die of starvation
la maladie	disease
l'épidémie (f)	epidemic
la famine	famine

13.1 Les problèmes humains   Human problems

la population indigène	native population
en croissance rapide	fast-growing population
être mal nourri	to be under-nourished
l'espérance (f) de vie	life expectancy
l'épidémie (f)	epidemic
être atteint du SIDA	to have AIDS
la mortalité infantile	infant mortality
l'orphelin(e)	orphan
analphabète	illiterate
sans abri	homeless
le réfugié	refugee
l'amputé(e)	amputee
au-dessous du seuil de pauvreté	below the poverty line
mendier	to beg
le bidonville	shanty town
insalubre	insanitary
le taudis	hovel

13.2 Les problèmes politiques   Political problems

l'instabilité *(f)*	instability
les affrontements religieux	clash between religions
l'absence de structures démocratiques	absence of democratic systems
la guerre civile	civil war
la guerilla	guerilla warfare
des élections marquées par la fraude électorale	rigged elections
le dictateur	dictator
la dictature	dictatorship
le gouvernement militaire	military government
s'appuyer sur l'armée	to rely on the army
les structures juridiques	legal system
la corruption	corruption
servir de refuge aux mouvements terroristes	to act as a haven for terrorist movements
l'inégalité *(f)*	inequality
atteindre une plus grande autonomie	to achieve greater autonomy

13.3 Les problèmes financiers   Financial problems

la monnaie instable	unstable currency
l'inflation galopante	run-away inflation
le manque de capitaux locaux	lack of local funds
la situation de déficit d'endettement	state of being in deficit in debt
fortement endetté	heavily in debt
annuler les dettes	to cancel debts
le Fonds monétaire international	International Monetary Fund
la Banque mondiale	World Bank
une économie émergeante	emerging economy
créer un climat propice à l'investissement	to create a climate which will encourage investment
le commerce équitable	fair trade
le décollage économique	taking off economically

13.4 Les problèmes écologiques

Ecological problems

la désertification	countryside turning into desert
la surexploitation	over-exploitation
anéantir	to wipe out
les matières premières	raw materials
le déforestation	deforestation
la disette	shortage
la sécheresse	drought
la récolte est perdue	the harvest is lost
le manque d'eau *(f)* potable	lack of drinking water

13.5 L'aide

Aid

l'organisation *(f)* humanitaire	aid agency
le/la volontaire/bénévole	voluntary aid worker
la Croix-Rouge	the Red Cross
apporter de l'aide	to bring aid
octroyer de l'aide *(f)*	to grant aid
des mesures d'aide en faveur de...	measures to help...
améliorer les conditions de vie	to improve living conditions
les perspectives d'amélioration	prospects for improvement
le pays donateur	country providing aid
l'aide *(f)* alimentaire	food aid
les vivres *(mpl)*	foodstuffs
distribuer	to distribute
le centre de distribution	distribution centre
avoir accès aux biens essentiels	to be able to obtain essential goods
les denrées alimentaires	food supplies
alléger la souffrance	to relieve suffering
les installations *(f)* sanitaires	sanitation
l'alphabétisation *(f)*	teaching to read and write

http://www.enda.sn/
http://www.oxfam.org/fr/
http://www.msf.org/
http://www.unicef.org/french/

14 Les voyages et le tourisme

la circulation	traffic
la douane	customs
la frontière	frontier
l'horaire *(m)*	timetable
le moyen de transport	means of transportation
passer par...	to go via...
la pièce d'identité	ID
retardé	delayed
le séjour	stay
les sports *(m)* d'hiver	winter sports
la station de ski	ski resort
le tourisme (de masse)	(mass) tourism
le trajet	journey
les transports en commun collectifs }	public transport
le/la vacancier(-ière)	holiday-maker
faire du tourisme	to go sightseeing

14.1 En voyage — Travelling

les voyages ouvrent l'esprit	travel broadens the mind
en voyage d'affaires	on a business trip
le parcours	journey, part of journey
pendant tout le parcours	throughout the journey
le trafic est perturbé interrompu	services are disrupted suspended
la circulation est difficile fluide	traffic is slow-moving flowing well
le bouchon l'embouteillage *(m)* l'encombrement *(m)* }	traffic jam
le goulot d'étranglement	bottle-neck
pare-chocs contre pare-chocs	bumper to bumper
l'itinéraire *(m)* de délestage de 'bison futé'	route to relieve congestion route using less congested roads

le réseau ferroviaire	rail network
circuler	to run (e.g. daily)
(peu) fiable	(un)reliable
subir un retard	to be subject to a delay
annulé(e)	cancelled
en grève *(f)*	on strike
le vol long-courrier	long-haul flight
moyen-courrier	medium-haul flight
court-courrier	short-haul flight
faire escale	**to make a stop-over**
le point de chute	**place to stay temporarily**
mal supporter le décalage horaire	**to suffer from jet-lag**
l'engorgement du trafic aérien	**air traffic congestion**

14.2 En vacances — On holiday

le congé annuel	annual paid leave
avoir besoin de se changer les idées	to need a change
l'évasion *(f)*	escape
le train-train quotidien	humdrum daily routine
la détente	relaxation
reposant	relaxing
le voyage indépendant	independent travel
le routard	backpacker
parcourir le monde	to travel the world
un(e) estivant(e)	summer holiday-maker
un(e) hivernant(e)	winter holiday-maker
un(e) excursionniste	day-tripper
le voyage organisé	guided tour
le prix forfaitaire	all-in price
à la portée de tout le monde	within everyone's reach
le vol charter	charter flight
la croisière	cruise
la haute saison	high season
la basse saison	low season
des plages surpeuplées	over-crowded beaches
pratiquer des prix exorbitants	to charge excessive prices
la vie nocturne	nightlife
peu fréquenté	uncrowded

14.3 L'hébergement   **Accommodation**

le gîte	rented holiday home
louer	to rent
la location	renting
le prix de la location	rental cost
le loyer	rental charge (accommodation)
les arrhes *(f)*	deposit
la caution	deposit against damages
l'industrie hôtelière	hotel industry
les hôtels affichent complet	hotels are full
les campings sont bondés	campsites are packed

http://www.22september.org/info/fr/solu1.html
http://www.gart.org/
http://www.abm.fr/avion/gvasommaire.html

15 Les médias

la chaîne	channel
le contenu	contents
le/la correspondant(e)	correspondent
la caméra	film camera
diffuser	to broadcast
divertir	to entertain
enregistrer	to record
le journal	newspaper/news programme
le reporter	reporter
se tenir au courant	to keep abreast of events
le téléviseur	television set
le téléspectateur/la téléspectatrice	viewer
le petit écran	the small screen

15.1 Généralités — Generalities

l'univers (m) médiatique	the world of the media
le poste émetteur	transmitter
l'antenne (f)	aerial
capter une émission	to pick up a broadcast
la grille horaire	programme schedule
la programmation	programme planning
le divertissement	entertainment
l'analyse (f)	analysis
le studio (d'enregistrement)	(recording) studio
en direct	live
en différé	recorded
la reprise	repeat
les indices (m) d'écoute	audience ratings
les cotes (f) d'écoute	popularity ratings
drainer une large audience	to draw a wide audience
la redevance	licence fee

15.2 Les programmes — Programmes

un programme consacré à...	programme dedicated to...
l'émission *(f)* de divertissement	entertainment programme
pour enfants	children's programme
d'humour	comedy programme
interactive	interactive broadcast
par satellite	satellite broadcast
le programme de variétés	variety show
à vocation culturelle	programme dedicated to culture
les informations *(f)*	news
le bulletin d'informations	news bulletin
le flash	news flash
le point sur l'actualité	news summary
les points chauds de l'actualité	main points of the news
les actualités régionales	regional news
le débat télévisé	discussion programme
commenter l'actualité	to comment on current events
commenter un match	to provide commentary on a match
le documentaire	documentary
la météo	weather forecast
le téléjournal/journal télévisé	TV news
le feuilleton	soap opera
le talk-show	chat show

15.3 Travailler dans les medias — Working in the media

l'envoyé(e) spécial(e)	special correspondant
les industries productrices de programmes	production companies
les télédiffuseurs	TV broadcasters
l'animateur/l'animatrice	compere
le présentateur/la présentatrice	news reader
le speaker/la speakerine	announcer
le commentateur/la commentatrice	commentator, presenter
le disc-jockey	disc jockey
le réalisateur/la réalisatrice	producer
le cadreur	cameraman
l'équipe *(f)* de tournage	(film) camera crew

15.4 La radio | Radio

la radiodiffusion sonore	radio broadcasting
sur ondes courtes	on short wave
ondes moyennes	medium wave
grandes ondes	long wave
modulation de fréquence	FM
les parasites *(m)*	interference
l'auditoire *(m)*	radio audience
l'auditeur/auditrice	listener
le radio reportage	radio news reporting

15.5 La télévision | Television

l'offre télévisuelle	what TV provides
la niche pointue	peak viewing slot
la course à l'audience	competition between channels
la télévision numérique terrestre	terrestrial digital TV
la télévision par satellite	satellite TV
une antenne parabolique	satellite dish
la chaîne payante ⎫	
à péage ⎪	
cryptée ⎬	subscription channel
codée ⎭	
le décodeur	decoder
être relié(e) à un réseau câblé	to be connected to a cable network
le canal câblé	cable channel
la télécommande	remote control
zapper	to switch from channel to channel
l'extinction de la télévision analogique	the phasing out of analogue TV

15.6 L'influence de la télévision | The influence of television

la mainmise de la télé sur...	TV's hold on...
certains programmes ont une valeur éducative	some programmes have an educational value
encourager la passivité	to encourage passivity
détruire l'art de la conversation	to destroy the art of conversation
accaparer l'attention des enfants	to monopolise children's attention
passer son temps affalé devant la télé	to be a couch potato
le/la drogué(e) de la télé	telly addict
s'abêtir ⎫	
s'abrutir ⎭	to become moronic
c'est abrutissant ⎫	
abêtissant ⎭	it dulls people's wits

15.7 La presse

The press

le journal quotidien	daily newspaper
le format tabloïd	tabloid format
le quotidien grand format	daily broadsheet
la presse régionale	regional press
la revue/le magazine hebdomadaire	weekly magazine
mensuel(le)	monthly
l'illustré *(m)*	comic
la bande dessinée	comic strip
le lecteur/la lectrice	reader
le lectorat	**readership**
s'abonner à...	**to subscribe to...**
un(e) abonné(e)	**subscriber**
un abonnement	**subscription**
un journal à fort tirage	**paper with a big circulation**
tiré(e) à 300 000	**with a circulation of 300,000**
le rédacteur/la rédactrice	editor
l'équipe *(f)* de rédaction	editorial team
les gros titres ⎫ les manchettes *(f)* ⎭	headlines
à la une	on the front page
une exclusivité	**scoop**
un article de tête	**leading article**
la rubrique des sports	sports column
le/la critique	critic
la critique	criticism
le compte rendu	review, account
les faits divers	short news items
le reportage	report/reporting
les petites annonces	small ads
les faire-part *(m)* de naissances, de mariages, de décès	announcements of births, marriages and deaths
le courrier	letters
les mots croisés	crossword
la nécrologie	**obituary column**

15.8 La presse à sensation   The tabloid press

occuper le devant de la scène médiatique	to be the centre of media attention
le journal de petit format	tabloid paper
faire appel aux instincts les plus bas	to appeal to the basest instincts
un article de caractère diffamatoire	libellous article
une invasion de la vie privée	invasion of private life
une arrière-pensée politique	political ulterior motive
nourrir les préjugés/partis-pris (m)	to fuel prejudice
alerter l'opinion publique	to arouse public opinion
sauvegarder la libre parole	to protect free speech
un abus de la liberté d'information	an abuse of freedom of information
la censure	censorship
museler la presse	**to gag the press**

http://fr.news.yahoo.com/32/
http://fr.news.yahoo.com/medias/
http://www.rsf.org/

16 La publicité

le nom de marque	brand name
l'annonceur	advertiser
le consommateur	consumer
attirer l'attention	to attract attention
l'emballage *(m)*	packaging
diriger le choix	to influence choice
satisfaire les besoins de qqn.	to satisfy s.o's needs
la publicité télévisée	TV advertising
les revenus *(m)* publicitaires	income from advertising

16.1 Généralités — Generalities

faire de la réclame	to advertise
le spot publicitaire	advert, commercial
la publicité en ligne	advertising on the web
le placard publicitaire	advertisement hoarding
l'accroche *(f)*	slogan
la ritournelle	jingle
la stratégie commerciale	business strategy
le placement de produit	product placing
la campagne de publicité	advertising campaign
promouvoir	to promote
la motivation est la clef de la persuasion	motivation is the key to persuasion
inculquer l'idéologie de la consommation	**to inculcate a consumerist ideology**
le fer de lance du marketing	**spearhead of marketing**
la société d'abondance de consommation	affluent society consumer society

16.2 Les buts

The aims

conquérir un marché	to win a market
viser une cible	to have a target in view
créer un message efficace	to create an effective message
l'efficacité *(f)* du message	effectiveness of the message
éveiller l'intérêt	to arouse interest
susciter la curiosité	to stimulate curiosity
accrocher les consommateurs	**to catch the consumers' attention**
faire convoiter l'objet	**to make people want the thing**
l'incitation à l'achat	**incentive to buy**
décrocher la confiance des clients	to win the customers' confidence
créer des images de marque	to create images of the brand
imposer le nom de marque dans l'esprit du public	to establish the product name in the public's mind
créer un automatisme	to create an automatic response

16.3 Les méthodes

The methods

la technique du perroquet	repeating parrot-fashion
la publicité tapageuse	**obtrusive advertising**
le matraquage publicitaire	**bombarding with advertising**
le pouvoir de la suggestion	power of suggestion
présenter des demi-vérités	to present half-truths
le prestige de l'image de marque	the glamour of the brand image
associer une situation heureuse au produit	to link the product to a happy situation
séduire l'imagination	to seduce the imagination
répondre aux besoins physiologiques	to respond to the needs of the body
de sécurité	need for security
d'estime de soi	self-esteem
de relations	relationships
exploiter l'inexpérience	to exploit lack of experience
la crédulité	credulity
des désirs latents	**hidden desires**
mettre en jeu un désir	to bring a desire into play
jouer sur les valeurs sociales	to play on social values
susciter la convoitise	**to arouse a desire to own**
faire appel aux sens	to appeal to the senses
favoriser la réussite sociale	to improve the chances of social success
sexuelle	sexual success
une communication persuasive	persuasive communication
l'image idéalisée de soi	**idealised image of oneself**
le conditionnement psychologique	**psychological conditioning**
agir sur le subconscient	**to act on the subconscious**
le lavage de cerveau	**brainwashing**

16.4 Les effets | The effects

le message s'imprime dans les mémoires	the message impresses itself on the memory
acheter aveuglément	to buy without thinking
créer des besoins superflus	to create imaginary needs
vivre au-delà de ses moyens	to live beyond one's means
la soumission au groupe	bowing to peer pressure
porter un logo est valorisant	wearing a logo makes you feel good
une société gavée de biens	society over-provided with material possessions
diffuser une culture matérialiste	to spread a culture of materialism
la publicité abuse de son pouvoir	advertising abuses its power

http://psychcom.free.fr/
http://www.journaldunet.com/

17 Les beaux arts

17.1 Généralités

Generalities

s'inspirer de...	to get an idea, inspiration from...
l'idée (f) de départ	initial idea
traiter de...	to deal with...
il s'agit de...	it's about...
la signification	significance, meaning
signifier	to mean
représenter	to portray
le personnage	character (i.e. individual)
le scénario	situation
imaginaire	imaginary
le réalisme	realism
la fantaisie	fantasy
l'intrigue (f)	the plot
le dénouement	outcome
citer	to quote
la citation	quotation
porter un jugement sur...	to make a judgement on...
le chef d'œuvre	masterpiece

17.2 Le théâtre

Theatre

le/la dramaturge	playwright
la pièce de théâtre	play
le spectacle	show
être à l'affiche	to be on, showing
la pièce tient l'affiche	the play is running
quitte l'affiche	is coming off
la répétition générale	dress rehearsal
la première	first night
la représentation	performance
la distribution	cast(ing)
interpréter un rôle	to play a part
faire du théâtre	to go on the stage
le comédien/la comédienne	actor/actress
le/la comique	comedian/comedienne
la mise en scène	production
le metteur en scène	director
le décor	scenery

le maquillage	make-up
le rideau	curtain
les coulisses *(f)*	**wings**
la scène	**stage**
la rampe	**footlights**
le régisseur	**stage manager**
le souffleur	**prompter**
souffler la réplique	**to give a prompt**
salle comble	full house
faire salle comble	to play to full houses
le bide	flop
l'entracte *(m)*	interval
le théâtre subventionné	**subsidised theatre**

17.3 Le cinéma — Cinema

le septième art	the seventh art, i.e. the cinema
le/la scénariste	scriptwriter
le scénario	screenplay
le producteur/la productrice	producer
le réalisateur/la réalisatrice	director
la vedette	film star
tourner un film	to make a film
sur le plateau	on set
en extérieur	on location
le multiplexe	**multiplex cinema**
la salle d'art et d'essai	**'arts' cinema**
le cinéphile	regular film goer
la commission de censure	board of censors
la bande-annonce	trailer
la sortie en salle	general release
passer	to be showing
la rotation	change of programme
doubler	to dub
en version française	dubbed in French
en version originale	in the original language
sous-titré(e)	sub-titled
le long-métrage	feature film
le court-métrage	short film

le film à faible budget	low-budget film
à gros succès	blockbuster
interdit aux moins de 18 ans	'18' film
à grand spectacle	epic
d'animation	cartoon
d'aventures	adventure film
biographique	biopic
catastrophe	disaster film
d'épouvante	horror film
d'espionnage	spy film
'x'/hard	'pornographic' film
muet	silent film
policier	detective film

17.4 La littérature — Literature

l'écrivain *(m)*	writer
l'auteur *(m)*	author
l'ouvrage *(m)*	work
les œuvres complètes	complete works
le romancier/la romancière	novelist
le roman	novel
le roman de mœurs	**novel depicting aspects of society**
d'anticipation	**science fiction novel**
à thèse	**novel with philosophical message**
le récit/le conte	short story
le poète	poet
le poème	poem
la poésie	poetry
le recueil	**collection (e.g. of poems)**
publier	to publish
l'éditeur/l'éditrice	publisher
inédit	**unpublished**
paraître en librairie	**to be published**
la parution d'un livre	**publication of a book**

17.5 La musique — Music

le musicien/la musicienne	musician
le chanteur/la cantatrice	singer
la partition	**musical score**
avoir l'oreille musicienne	**to have a musical ear**
la musique sacrée	**religious music**
profane	**non-religious music**

le chef d'orchestre	conductor
l'opéra *(m)*	opera
le compositeur/la compositrice	composer
le/la soliste	soloist
le chœur	(church) choir, chorus
la chorale	choir
le concert	concert
le/la pianiste de concert	concert pianist

17.6 Les musées et les galeries
Museums and galleries

le patrimoine	heritage
l'archéologie *(f)*	archeology
le musée lapidaire	archeological museum
restaurer	to restore
le monument	historic building
moyenâgeux(euse)	from the Middle Ages
médiéval(e)	medieval
l'art contemporain	modern art
les archives *(f)*	archives
une collection (de tableaux)	collection (of paintings)
l'exposition *(f)*	exhibition
la peinture	painting
le portrait en pied	full-length portrait
la nature morte	still life
au premier plan	in the foreground
à l'arrière-plan	in the background
la toile/le tableau	canvas
le/la peintre	painter
le/la portraitiste	portrait painter
le/la paysagiste	landscape painter
le sculpteur	sculptor
la sculpture	sculpture
dessiner	to draw
une esquisse	sketch

http://fr.news.yahoo.com/culture/
http://fr.dir.yahoo.com/Art_et_culture/
http://fr.movies.yahoo.com/
http://www.chez.com/guides/cine

18 Le sport et les loisirs

le sport de compétition	competitive sport
le jeu d'équipe	team game
le sportif/la sportive de haut niveau	high-level sportsman/woman
le matériel	equipment
s'entraîner	to train
l'entraîneur	trainer
les techniques (f) d'entraînement	training techniques
l'équipe (f)	team
concourir	to compete
la compétition	competition
compétitif (-ive)	competitive
disputer un match	to play a match
le résultat	result
la victoire	victory
la défaite	defeat
consacrer du temps à...	to devote time to...
être un accro de...	to be hooked/mad on...

18.1 L'esprit olympique — The Olympic spirit

l'olympisme	Olympic ideal
la charte olympique	Olympic Charter
la morale sportive	ethics of sport
respecter les valeurs olympiques	to respect the Olympic values
l'esprit (m) d'équipe	team spirit
d'amitié	spirit of friendship
la compréhension mutuelle	mutual understanding
le fair-play	fair play
améliorer les relations entre...	to improve relations between...
l'honneur de représenter son pays	the honour of representing one's country
fournir le meilleur de soi-même	to give of one's best
dépasser les autres	to outperform the others

18.2 Le dopage | Drug use

se donner tous les moyens pour gagner	to give oneself all means of winning
améliorer le rendement de l'organisme	to improve the body's efficiency
le culte de la performance	the cult of performance
la course à la performance	the race to improve performance
la pression des sponsors	pressure from the sponsors
l'exigence *(f)* de résultats	the demand for results
des intérêts commerciaux colossaux	colossal commercial interests
la tentative de mieux faire	attempt to do better
la réussite à tout prix	success at all costs
le dépassement de soi	**surpassing oneself**
les pratiques médico-sportives	**medical practices in sport**
avoirs recours au dopage	**to resort to drug taking**
se doper	to take drugs
l'usage abusif	excessive use
abuser des substances dopantes	to make excessive use of drugs
l'absorption de plus en plus massive de...	the ever-increasing consumption of...
les produits masquants	products which conceal drug use
indécelable	undetectable
mettre sa santé en péril	to endanger one's health
l'effet à court terme est illusoire	**the short-term effect is deceptive**
altérer sa santé	**to damage one's health**
détruire l'organisme	to destroy the body
la politique de contrôle	policy of testing for drugs
effectuer des contrôles obligatoires	to carry out compulsory tests
être pris sur le fait	to be caught in the act
invalider une performance	to disqualify a performance
truquer	to rig, fix
tricher	to cheat
duper les spectateurs	to fool the spectators

18.3 Le sport et l'argent | Sport and money

l'événement médiatisé	broadcast event
les droits *(m)* de diffusion	broadcasting rights
la commercialisation	commercialisation
le sponsoring	sponsorship
la compagnie commanditaire	sponsoring company
l'athlète commandité	sponsored athlete
le placement de produit	product placement
retirer des avantages publicitaires	to benefit from advertising
l'avidité *(f)*	greed
être avide de...	to be greedy for...
menacer l'idéal olympique	to threaten the Olympic ideal

18.4 La société de loisirs   ## Leisure society

la population non-active	people not in employment
la réduction de la durée du travail	reduction in working hours
la progression du travail à temps partiel	increase in part-time working
le week-end prolongé	extended weekend
le temps pour soi	time to oneself
bénéficier de	to benefit from
le temps dégagé de toute obligation	**time free from all obligations**
en quête de plaisirs	**in search of pleasurable activities**
lié(e) aux ressources financières	**linked to one's financial resources**
la part du budget allouée aux loisirs	the portion of the budget allocated to leisure activities
le divertissement	entertainment
les activités *(f)* de détente	relaxing activities
autour de la maison	activities around the house
l'escapade *(f)*	jaunt
élargir ses horizons	to broaden one's horizons
les entreprises (prestataires) de loisirs	businesses providing leisure activities
l'offre *(f)* de loisirs s'est accrue	the range of activities on offer has increased
le voyage au forfait	package travel deal
le tourisme de masse	mass tourism
vert	ecological tourism
blanc	winter sports tourism
faire du tourisme	to go touring/sightseeing
la croisière	cruise
la visite culturelle	cultural trip
la fréquentation des musées	visiting museums
le monument historique	historic building
le parc à thème	theme park
d'attractions	amusement park
la remise en forme	regaining fitness

la balade	country walk
la randonnée	hike
le sentier de randonnée	hiking path
le circuit VTT	mountain bike route
la course hippique	horse race
l'hippodrome *(m)*	race course
le pari hippique	bet on a horse
le parieur	gambler
la machine à sous	slot machine
la loterie	lottery
le tirage	lottery draw

http://fr.sports.yahoo.com/
http://fr.news.yahoo.com/45/
http://fr.dir.yahoo.com/sports_et_loisirs/